KAREN WEBB

charmant
in jeder Lebenslage

Was Sie von Prominenten lernen
können und was besser nicht

INHALT

Hast du Worte?

Mehr Schein als Sein

Freunde und Fremde

Menschen, Sitten,
Situationen

Dieses Buch handelt von Fehltritten, Fettnäpfchen und misslichen Lagen, in die Menschen sich durch Gedankenlosigkeit oder Unvermögen bringen oder auch durch Zufall gebracht werden. Gewisse Unglücksvögel scheinen geradezu dafür prädestiniert zu sein, in jedes Fettnäpfchen zu tappen, das sich ihnen bietet. Andere schaffen es immer wieder in bewundernswerter Weise, die Fußangeln und Fallen zu umgehen, die ihnen gestellt werden. Doch wirklich sicher vor Fehltritten ist niemand, selbst Bundespräsidenten und gekrönte Häupter nicht. Auch die routiniertesten Fernsehmoderatoren leisten sich peinliche Schnitzer. Ich selbst nehme mich da nicht aus. Auch mir sind schon Bemerkungen unterlaufen, für die ich mir hinterher auf die Zunge gebissen habe. Der Kleiderträger, der mir mal kurz vor dem Auftritt gerissen ist, war dagegen eine harmlose, allerdings nicht besonders komische Variante der Peinlichkeit.

Das Gefühl der Peinlichkeit entsteht immer dann, wenn bestimmte Grenzen überschritten werden. Grenzen zum Privaten, Grenzen des Anstands, Grenzen des guten Benehmens oder guten Geschmacks oder auch Sprachgrenzen. Dabei können Grenzüberschreitungen mit den daraus resultierenden Peinlichkeiten durchaus erheiternd sein. Wenn Franz Beckenbauer sich als Schlagersänger versucht und *Gute Freunde kann niemand trennen* singt, klopfen sich seine Fans noch heute, mehr als vier Jahrzehnte danach, auf die Schenkel. Das Stream Video von seinem musikalischen Auftritt 1966 erfreut sich noch immer einer hohen Zugriffsquote im Internet. Grenzüberschreitungen können aber auch wütend machen, etwa die gefühllose Bemerkung des italienischen Ministerpräsidenten Silvio Berlusconi, der den traumatisierten, notdürftig in Zelten untergebrachten Erdbebenopfern von L'Aquila empfahl, ihre Situation »wie ein Wochenende auf dem Campingplatz« zu betrachten.

Freilich gibt nicht jede Grenzüberschreitung Anlass zu Gemütsaufwallungen. Der offene Hosenstall von Brad Pitt, die Laufmasche in der Strumpfhose von Gwyneth Paltrow, der Anblick des Unterleibs von Britney Spears beim Aussteigen aus dem Taxi – das sind für Fotografen Objekte der Begierde; solche Details sind aber noch kein Grund, darüber ein Buch zu schreiben. Viel interessanter als die Peinlichkeit selbst ist nämlich die Art und Weise, wie sich die Menschen aus einer misslichen Lage befreien. Mal durch devotes Schämen, mal durch Flucht aus der Öffentlichkeit, oder aber durch Dementieren, sich Entschuldigen oder Beichten – manchmal aber auch mit Charme, Schlagfertigkeit, Humor oder Mut. Dieses Buch möchte zeigen, dass peinliche Situationen für den, der in ihnen steckt, kein Albtraum sein müssen. Jeder Mensch kann in so eine Situation kommen. Er muss nur wissen, wie er sich aus ihr befreien kann – und wie nicht. Da jede Situation anders ist, kann dieses Buch kein allgemeingültiger Ratgeber sein. Auch kein Knigge und erst recht keine Zehn Gebote. Es kann nur reale und hypothetische Situationen aufzeigen, durchspielen und Vorschläge machen, wie man sich am besten verhält, um aus der Klemme zu kommen.

Peinlichkeit ist ein Virus, das sich in den letzten Jahren und Jahrzehnten rasant ausgebreitet hat. Arme und Reiche tragen es in sich, Intellektuelle und »Bildungsferne«, Männer und Frauen, Politiker und Promis. Nur wenige sind gegen das Virus immun und agieren auf dem Parkett des Lebens so sicher, dass sie nicht darauf ausrutschen. Natürlich kann es ihnen trotzdem passieren, dass sie ihrer Tischnachbarin mal ein Glas Rotwein aufs Kleid kippen. Oder einen alten Freund nicht sofort wiedererkennen. Dass sie also in peinliche Situationen geraten. Auch sind Männer nicht dagegen gefeit, dass ihre Frauen den Sprit saufenden Geländewagen benutzen, um ein Bund Bio-Petersilie in der Stadt einzukaufen. Denn das ist auch peinlich – vor einem selbst. Sollte es jedenfalls sein.

Das Besondere an peinlichen Menschen ist, dass sie von dem Virus, das sie in sich tragen, nichts ahnen. Sie merken nicht, dass sie gegen Regeln verstoßen: Regeln, wie man redet, sich kleidet, sich verhält, ohne sich zu widersprechen, ohne unglaubwürdig zu sein, ohne andere Menschen zu brüskieren oder ihre Empfindungen zu verletzen. Sie erleben sich als völlig normal.

Manieren statt Blamieren

Unser Verhaltenskodex besteht vor allem aus simplen Regeln. Oft gelten sie nur für bestimmte Situationen und Momente: Man hält sich beim Gähnen die Hand vor den Mund und präsentiert dem Gegenüber nicht seinen mit Gold gepflasterten Unterkiefer. Man duzt nicht ungefragt eine fremde Person. Man zieht vor Fremden nicht über andere Leute her. Man beginnt beim Erstkontakt keinen Brief mit »Hallo Frau Meier ...« und schreibt am Ende nicht »Liebe Grüße ...« Man wahrt Distanz. Man verlegt seine Maniküre nicht ins Flugzeug, quält seine Sitznachbarn nicht mit dem Anblick nackter Schultern und dem Geruch von Achselschweiß. Man beginnt nicht jeden zweiten Satz mit dem Wort »ich« und ödet seine Gesprächspartner nicht mit Heldenromanen über sich und seine Großtaten an – außer man heißt Horst Schlämmer. Verstöße gegen solche Verhaltensregeln sind ärgerlich. Peinlich ist es, sie nicht zu kennen oder sie bewusst zu negieren.

Im Adjektiv peinlich steckt das Wort Pein. Es bedeutet Schmerz. Nicht Schmerz im Sinne eines Schlags in die Magengrube, sondern Schmerz im übertragenen Sinn, als Scham, Mitleid, Ekel, Qual. Den Schmerz verspüren natürlich nur die anderen, die einer Regelverletzung und Grenzüberschreitung ausgesetzt sind. Der Verursacher merkt oft nichts davon. Er empfindet sich oder sein Verhalten nicht als peinlich. Meist nimmt er gar nicht wahr, dass er seine Umwelt langweilt, nervt oder quält. Dass er Spott und Lächerlichkeit auf sich zieht. Dass er sich unmöglich macht, gewollt oder weil er nicht anders kann.

Bauer sucht Frau – Sender sucht Trottel

Eine laufende Kamera scheint den Wunsch vieler Menschen zu befördern, ihre Grenzen zu überschreiten und sich auf Tätigkeitsfeldern zu versuchen, deren Gesetze ihnen fremd sind. In den Nachmittagstalks vieler TV-Sender winseln gedemütigte Jungs ihrer doofen Ex hinterher, irrlichtern einsame Bauernburschen durch Melkstände und Heuschober auf der Suche nach der Liebe ihres Lebens. Peinlich ist nicht nur, dass sie Privates nach außen stülpen. Peinlich ist vor allem das Bedürfnis, seine Schwächen, sein Unvermögen, manchmal auch seine erbärmliche Existenz willig, teilweise lustvoll vor einem Massenpublikum auszubreiten, ohne zu merken, dass die Schamgrenze längst überschritten und die Schmerzgrenze erreicht ist. Einige derer, die bei *DSDS, Big Brother* oder *Kochchampion* zu Ruhm kommen möchten, merken nicht, dass sie nur als Dilettanten gecastet worden sind. Sie können weder singen noch kochen noch reden, tun es aber mit hilfloser Inbrunst. Am Ende lassen sie sich von den Sendern wie ein Bär am Nasenring durch die Arena führen, zur Belustigung des Publikums und ohne zu merken, dass der Applaus, den sie bekommen, keine Anerkennung, sondern eine Beileidsbekundung ist.

Natürlich dürfen Regeln auch gebrochen werden – müssen sie sogar, wenn sie unsinnig oder veraltet sind. Ohne Regelbruch könnte sich die Gesellschaft gar nicht weiterentwickeln. Widerspruch zu ernten, anzuecken, gegebenenfalls auch Peinlichkeiten hervorzurufen, ist manchmal unvermeidlich und kann durchaus produktiv sein. Jugendliche versuchen ständig, ihre Grenzen zu testen und zu überschreiten, und auch wenn es oft verkrampft wirkt, was sie machen oder sagen –, für das Erwachsenwerden ist es wichtig.

Grenzüberschreitungen Erwachsener müssen nicht zwangsläufig in der Peinlichkeit enden. Der Wunsch, sich mal in einer anderen als der vertrauten Disziplin zu beweisen, ist legitim und lobenswert zugleich. Aber er birgt doch immer das Risiko des Peinlichen. Wenn der beleibte Helmut Kohl im *Aktuellen Sportstudio* mit dem Ball auf die Torwand schießt, ist das lustig, egal ob er trifft oder nicht. Wenn ein anderer genau dasselbe versucht, dabei aber einer Frau im Publikum die Brille von der Nase schießt, ist das peinlich.

Verona Feldbusch, verheiratete Pooth, hat aus ihren Fehlern gelernt. Sprachlich reißt sie sich inzwischen am Riemen. Ein Satz wie »Hier werden Sie geholfen« rutscht ihr nicht mehr raus, außer zu Werbezwecken. Sie war so clever, solche peinlichen Ausrutscher erfolgreich zu vermarkten.

Doch clever heißt nicht klug. Klug ist einer, der viel gelesen und ein bisschen davon behalten hat. Der oben schon erwähnte Ex-Bundeskanzler hat vor vielen Jahren einmal in einem Interview zu dem Schriftsteller Walter Kempowski über seine Schulzeit gesagt: »Ich war immer gut in Hölderlin.« Kompliment, Herr Kohl! Mann, sind Sie belesen! Wer schon als Jugendlicher die Literatur der deutschen Romantik verschlingt und deren wichtigsten Vertreter kennt, der muss ein kluger Kopf sein. Aber noch toller wäre es, wenn er auch sprachlich ein bisschen was von seinem Helden Hölderlin gelernt hätte.

Gut gemeint ist noch nicht gut gemacht

Sogar Klugheit und Bildung schützen, wie das Beispiel zeigt, nicht vor peinlichen Ausrutschern, unsere Politiker ebenso wenig wie jeden anderen Menschen. Jener nette Bürgermeister, der der späteren Bundeskanzlerin Merkel im Jahre 2002, als sie noch nicht wusste, ob sie es jemals in dieses Amt schaffen würde, ein besonderes Geschenk machen wollte, war ebenfalls belesen, erfahren und klug. Doch es war das peinlichste Geschenk, das Angela Merkel jemals erhalten hat: ein Babystrampler. Was den Mann zu seiner Wahl bewogen hat, wurde nicht bekannt. Wollte er Angela Merkel eine Karriere als Mutter nahelegen? Wollte er sie symbolisch zum Rückzug aus dem Amt der CDU-Vorsitzenden drängen? Hat er sich überhaupt etwas gedacht? Oder war es dumpfer Männerinstinkt einer kinderlosen Frau gegenüber, der da zum Ausbruch kam? Über einen Kaktus oder eine Zitrone – symbolträchtige Gegenstände, die man unliebsamen Politikern gerne überreicht – hätte sie vielleicht lachen können. Über den Babystrampler konnte sie nicht einmal schmunzeln.

Sie sehen: Es gibt Situationen im Leben, die man auch mit Charme und Souveränität nicht wirklich meistern kann. Aber ich versichere Ihnen: Es sind wenige. Was es auf den folgenden Seiten zu beweisen gilt.

Ihre

Wohl bekomm's!
Nicht kleckern und nicht glotzen!

Die Nase ist gerümpft, die Stirn liegt in Falten – das ganze Gesicht ein einziger Widerwille. Es ist nicht zu übersehen, wenn uns bei Tisch etwas nicht schmeckt. Und zu überhören meistens auch nicht. Aber: Guter Stil ist keine Geschmackssache.

Runter damit!
Wenn der Wein
zum Weinen ist

Schon die Häppchen beim Empfang waren eine Zumutung. Schlappes Weißbrot mit einer undefinierbaren Quark-Sahne-Creme, darüber eine Rispe rote Johannisbeeren. Sollte wohl dekorativ sein. Die meisten Gäste widerstanden der Versuchung zuzugreifen. Auch das weitere Speisenangebot war nicht gerade verlockend. Grobe Leberpastete auf Pumpernickel, Billiglachs mit Keta-Kaviar auf Toast, Frischkäse mit welkem Schnittlauch. Das einzig Gute am Büfett war Vollkornbrot, das dick mit Butter bestrichen war. Das schmeckte! Leider war es mit einem Schinken-Imitat belegt, das aus null Schinken, aber zur Hälfte aus Stärke-Gel, tierfremdem Eiweiß und Wasser besteht. Es ging gerade durch die Zeitungen, dass mehrere Lebensmitteluntersuchungsämter solchen Mogelschinken aus dem Verkehr gezogen hatten. Da half mir auch das kunstvoll aufgefächerte Gürkchen nichts, das den Happen krönte. Sowas gehört einfach in den Mülleimer. Den gab es aber an jenem Abend nur als Kunstwerk. Besser gesagt: als Objektskulptur. Ich befand mich nämlich auf einer Vernissage.

Kunstausstellungen werden meist donnerstags eröffnet und ziehen dann ein ebenso kunstsinniges wie feierfreudiges Publikum an, dessen Hauptmerkmal ist, dass es am nächsten Morgen nicht um acht wieder am Schreibtisch sitzen muss. Gefeiert wird oft bis tief in die Nacht hinein. Und einer ist immer bis zuletzt dabei: der Alkohol. Meist gibt es Wein, mitunter auch Cocktails, speziell Piña Colada, selten Whisky, Gin oder Grappa. Die Galeristen kennen ihre Gäste und wissen, was ihnen guttut. Den Wein vertragen sie, weshalb dessen Quelle nie versiegt. Selbst wenn sich endlich einer der Anwesenden des letzten traurigen Häppchens vom Büfett erbarmt hat – die Gläser werden immer wieder nachgefüllt. Es gibt ja so viel zu erzählen! Auf so vieles anzustoßen! Außerdem habe man schon die ganze Woche lang trocken gelebt! Goethe wäre vermutlich bereits an Entzugserscheinungen zugrunde gegangen.

Tropfen für Tropfen eine Zumutung

War die feste Nahrung schon ein Skandal, dann war es der Wein erst recht. Dabei trug er so klangvolle Namen wie *Cheval Noir* und *Flor del Montgó*. Ich erinnere mich, auf Vernissagen schon Weine im Glas gehabt zu haben, die *Simply Sunshine, Matador* oder *Geil* hießen. Angeblich alles erlesene Tropfen in purpurroter Robe und mit langem Abgang, so zwischen 5,45 und 6,50 Euro kostend, wie mir ein Kenner versicherte. Einen gewissen Kontrast zu den Preisen der Kunstobjekte meine ich allerdings wahrgenommen zu haben. Der Plastikeimer zum Beispiel, in den ich zu gern das Schinken-Imitat geworfen hätte, sollte 15 000 Euro kosten. Immerhin war er mit Cappuccino gefüllt. Oder mit einem Cappuccino-Fake. Genau sah ich das nicht. Oder wollte es nicht.
Jedenfalls für mich war der Wein echt grausam. Schmeckte, wie ein Wildschwein riecht, das gerade aus der Suhle kommt. »Ein bisschen streng«, gab der Galerist zu. Er meinte es wohl positiv. Einige Gäste lobten die Komplexität des Weins, seine Struktur, seine Vielschichtigkeit, den klaren Aufbau. Ich begriff nicht: Sprachen sie etwa über die abstrakten Bilder an der Wand? Über moderne Architektur? Wenigstens ein Gast stimmte mir zu: »Einen Rausch bekomme ich von diesem Wein nicht.« Hoffentlich hat der Galerist das nicht gehört. Als am fortgeschrittenen Abend die ersten Hemmungen fielen, wagte sich ein Besucher noch weiter vor: Der Wein sei »das Gegenteil von einem Aphrodisiakum«.
Verstanden. Es gibt viele Arten einen Wein zu beschreiben, der geschmacklich daneben ist: Vergleiche mit Badesalz oder *Ahoj-Brause* sind noch milde Umschreibungen für einen unleckeren Weißwein. Für die entsprechenden Roten werden Begriffe wie Trinkmarmelade und animalisch benutzt.

Weinwissen auf den Punkt gebracht – meine Weintipps

Wein ist Geschmackssache. Ob ein kräftiger Roter oder ein blasser Weißer, ob günstig oder teuer, stark oder leicht, ob aus Frankreich, Chile oder Deutschland – was auch immer Sie mögen, ist gut für Sie. Lassen Sie sich von keinem »Experten« etwas anderes einreden. Andererseits ist Wein schon etwas komplizierter als Limo. Einfach einschenken und austrinken ist ebenso fahrlässig wie langweilig.

Punkt eins

Fragen Sie mal einen Franzosen, welchen Wein er trinkt. »Bordeaux, Burgunder, Rhône, Hauptsache Frankreich«, werden Sie hören. Würde man ihm einen Chianti aus Italien empfehlen, würde er nur den Kopf schütteln. Den Italienern scheint nur Wein aus Italien zu schmecken. Und für die spanische Zunge ist alles außer spanischen Trauben schlicht nicht akzeptabel. Und wir Deutschen? Wir trinken italienischen, französischen, spanischen Wein! Weil es schick, international, cool ist. Dabei ist gerade der Riesling die vielleicht edelste Weißweintraube überhaupt. Sagen Experten. Warum also in die Ferne schweifen, wenn das Gute so nahe liegt. Lieber einen trockenen Riesling aus der Pfalz als einen Pinot Grigio aus Venetien.

Punkt zwei

Discounter, Lebensmittelladen, Vinothek – wo kaufen Sie? Zugegeben, neben Gurken, Windeln und Milch noch einen Riesling in den Wagen legen, geht schnell und bequem. Aber wenn Sie nicht genau wissen, welchen Wein Sie wollen, sind Sie im Discounter aufgeschmissen. Die Regale sind meist völlig unübersichtlich, und der Verkäufer (wenn überhaupt) kommt auf Ihre Frage nach einem *Roth-schild* mit einem Päckchen *Rothändle* daher. Also am besten zum Fachhändler. Der hat meistens auch ein paar offene Weine zum Probieren.

Punkt drei

Wie voll schenkt der Kellner in Ihrem Lieblingsrestaurant ein Glas Wein ein? Randvoll? Bravo, da bekommt man wenigstens was fürs Geld, werden Sie vielleicht denken. Aber: Randvoll eingeschenkte Gläser sind einfach stillos. Außerdem wird der Wein viel zu schnell viel zu warm. Richtig ist: ein Drittel voll!

Punkt vier

Im Restaurant bestellen Sie eine Flasche Wein. Der Kellner bringt sie, entkorkt sie und schenkt einen Schluck ein. Der Tester schwenkt das Glas, riecht daran, nimmt einen Schluck, kostet. Er sagt: »Sehr lecker!« und gestattet dem Kellner einzuschenken. Was aber, wenn der Wein nicht schmeckt? Gar nichts! Der Wein ist offen und muss bezahlt werden. Denn der Kellner lässt Sie nur kosten, damit Sie feststellen können, ob der Wein einen Fehler hat. Vor allem einen Korkfehler. Und den riecht man. Wenn Sie souverän auftreten möchten, nehmen Sie das Glas, schnuppern, und wenn es nicht modrig riecht, nicken Sie dem Kellner leicht zu.

Punkt fünf

Häufiger Kritikpunkt – auch im Restaurant – ist die Temperatur. In der Regel wird Wein zu warm getrunken. Machen wir's kurz: Weißwein bei etwa 10–12°, Rotweine bei nur 16–18° servieren. Warm wird der Wein im Glas schnell genug.

Punkt sechs

Ich kenne einige echte Weinexperten. Und wissen Sie was? Man muss ihnen beim Thema Wein fast jedes Wort einzeln aus der Nase ziehen. Von wegen »feinsandige Textur«, »pferdige Terroir-Note« oder »ein Duft wie der Schweiß der Engel«. Nichts davon, höchstens: »Der schmeckt ja wunderbar.« Der Kenner genießt und schweigt!

Punkt sieben

Ein Glas Rotwein pro Tag ist gesund. Aber ist Wein auch gut für die Figur? Ein Liter Wein hat etwa 700 Kalorien (Rotwein etwas mehr), was vor allem am Alkoholgehalt liegt. Das entspricht etwa derselben Menge Vollmilch oder 250 Gramm Leberkäse.

Punkt acht

Wein und Essen: Heutzutage können Sie fast alles mit allem kombinieren. Rotwein zum Fisch? Warum nicht. Weißwein zu Fleisch? Klar, ausprobieren. Wichtig ist: erstens leichte Weine vor schweren und zweitens säurelastige Weine nicht zu säurelastigen Speisen sowie tanninstarke Weine nicht unbedingt zu bitteren Speisen.

Punkt neun

Und nach dem Wein? Eine Zigarette, einen Kaffee oder einen Espresso! Die Betonung liegt auf *nach* dem Wein, *zum* Wein sollten Sie von Koffein und Nikotin die Finger lassen. Beide betäuben die Geschmackspapillen für mindestens 15 Minuten.

Wer mit größeren Kalibern schießt, spricht von »Beleidigung für den Gaumen«, von Körperverletzung oder davon, dass der Wein »für den menschlichen Genuss nicht geeignet« sei. Allerdings trägt man so ein Urteil nur hinter vorgehaltener Hand vor. Denn es ist natürlich eine Beleidigung für den Gastgeber. Außerdem ist Geschmack subjektiv. Es könnte sein, dass der Wein gut, nur Ihr Gaumen ihm nicht gewachsen ist. Für so einen Fall sollten Sie ein paar diplomatische Ausflüchte in petto haben. Ansonsten rate ich, auf Piña Colada umzusteigen.

Der Wein schmeckt Ihnen nicht. Was antworten Sie dem Gastgeber, der nach Ihrem Urteil fragt?

⇨ Sie sagen, Sie hätten Schnupfen und könnten den edlen Wein leider nicht so genießen, wie er es verdiente.
Standardausrede. Schon häufig gehört und nicht sehr glaubwürdig.

⇨ Versuchen Sie es mal mit: »Der Wein ist für den Jahrgang hervorragend.«
Sie scheinen über die Jahrgänge Bescheid zu wissen. Das flößt dem Gastgeber Respekt ein. Auch wenn Sie unterstellen, der ausgeschenkte Jahrgang sei nicht der beste, so schmeichelt Ihr Urteil dem Gastgeber. Dass der Wein trotz des Regens, der angeblich bei der Lese gefallen ist, hervorragend ausgefallen ist, ändert nichts daran, dass er von bescheidener Qualität ist. Ein negatives Urteil, positiv verpackt. Vorsicht bei Champagner: Der trägt normalerweise keinen Jahrgang auf dem Etikett. Aber das wissen Sie als Kenner bestimmt.

⇨ Sie nicken zustimmend und antworten kennerisch: »Ich finde wie Sie, dass das Château in den letzten Jahren große Fortschritte gemacht hat.«
Sie haben die seltene Gabe, mit der Wahrheit zu lügen. Kompliment! Ihre Antwort bedeutet: Statt ungenießbare erzeugt das Château jetzt miserable Weine – ein Fortschritt, der den Gastgeber erfreut, hat er doch aufs richtige Château gesetzt. Sie bestätigen, dass der Wein Potenzial hat: »Er braucht nur noch etwas Zeit.« Sind Sie ganz übermütig, setzen Sie noch drauf: »Dieser Wein wird uns alle überleben.« Im Klartext: Er ist jetzt noch ungenießbar. Ist der Gastgeber ein Connaisseur, versteht er die Botschaft und freut sich, weil er sein Gesicht wahren kann. Badet er aber gerne warm, wird ihn Ihr Urteil wohl stolz machen. Eventuell wird er es vor anderen zitieren und als weitsichtige Expertise loben. Prima, Sie können sich nun erfreulicheren Themen zuwenden.

Greifen Sie zu!
Die Geschmäcker sind verschieden

Es ist eine schöne Gepflogenheit, Freunde oder Bekannte zum Essen einzuladen. Auch wenn das gemeinsame Essen nur der äußere Anlass ist, während das lockere Beisammensein, respektive die hoffentlich entspannte Gesprächsatmosphäre, im Mittelpunkt steht, kann einem der kulinarische Rahmen schwer auf den Magen schlagen: Denn ist der Gastgeber nicht eine alte Freundin aus gemeinsamen Schultagen, sondern eine noch unvertraute Respektsperson, kann so ein Abend herbe Herausforderungen mit sich bringen. Insbesondere dann, wenn der Gastgeber seine Kochkünste mit einem Gericht demonstriert, das Sie nicht mal mit der Beißzange anfassen würden. Man sollte von einem guten Gastgeber erwarten, dass er seine Gäste im Vorfeld nach möglichen Likes und Dislikes fragt; gleichwohl stand wohl jeder schon mal vor der Frage, ob man das Servierte essen oder besser anders entsorgen sollte. Je ausgefallener die »Kochkünste« sind, umso höher wird die Fallhöhe, wenn Ihnen das Gericht nicht zusagt. Gerade dann, wenn mit dem kulinarischen Desaster ein wortreiches erklärendes Entree des Gastgebers einhergeht, welch ausgefallene Köstlichkeit mit welchen Zutaten dank welcher Kochakrobatik gereicht werde, ist schon der ebenso schlichte wie ehrliche Gedanke »Mag ich nicht« beschämend. Undenkbar, diese Wahrheit auszusprechen.

Ein Studienkollege war bei seinem Professor zu Hause eingeladen, gemeinsam mit drei weiteren Doktoranden im privaten Kreis den Stand seiner Dissertation zu erörtern. Des Professors Gemahlin werde fürs leibliche Wohl sorgen. Dem Kommilitonen und strikten Gegner jeglicher Fischgerichte wurde unwohl, als ihm nach Öffnen der Alufolie ein gedünstetes Seeungeheuer entgegengrinste. In der stocksteifen Situation formte er die Folie zum Sichtschutz um, stocherte ebenso ausgiebig wie ausdrucksvoll dahinter herum und ließ nach einer geschlagenen Stunde den Teller samt Folie und Inhalt persönlich in der Küche verschwinden. Dann ließ er sich auch noch für sein hilfsbereites Wesen feiern.

Ähnlich ungut ist es, im Restaurant einer Empfehlung seines Gegenübers zu folgen und nach ersten zaghaften Häppchen den Notproviant aus der heimischen Küche herbeizusehnen oder schon mal die nächste Imbissbude zu orten. Ebenso misslich ist die Lage, wenn die Speisekarte als Rätsel für kulinarische Abnormitäten gestaltet ist und auch einfachste Speisen so wortakrobatisch verpackt sind, dass selbst als Salatvariation getarnte Gartenabfälle noch klangvoll als Delikatesse daherkommen würden. Ich habe schon erlebt, dass man »mal eben in der Küche klären« musste, was sich hinter mancher Umschreibung verbarg. Allerdings wurde mir auch schon auf höfliches Nachfragen der Eindruck vermittelt, ich sei kulinarisch bei »Pommes rot-weiß« hängen geblieben. Seien Sie versichert: Sie gehören nur zu den wenigen, die es wagen, nachzufragen.

Wie verhalten Sie sich, wenn der Gastgeber etwas auftischt, was gar nicht nach Ihrem Gusto ist?

⇨ Sie essen es trotzdem.
Wenn Sie nicht gerade bei einer Dschungelprüfung im RTL-TV-Camp sind, wird Ihnen Ihr Gastgeber nichts Ungenießbares vorsetzen. Stehen also keine krankhaften Allergien Ihrer Überwindungskraft entgegen, sollten Sie sich zumindest bemühen, die Kochkünste Ihres Gegenübers zu würdigen: »Ich muss zugeben, ich bin eigentlich kein Freund von ..., aber Ihnen traue ich zu, dass es mir trotzdem schmeckt.« Ein wohlwollender Gastgeber reagiert darauf in geeigneter Weise, und Sie beide können die Situation bereinigen.

⇨ Sie entschärfen die Situation durch eine glaubhafte Notlüge im Vorfeld.
Meist steigt Ihnen der verräterische Geruch nicht erst in die Nase, wenn das Unheil auf dem Teller liegt. Sobald Sie Verdacht schöpfen, hier könnte es kulinarische Verwerfungen geben, schieben Sie die Sache nicht vor sich her, sondern behelfen Sie sich möglichst frühzeitig mit einer Notlüge. Diese sollte belastbar sein und nicht beim nächsten gemeinsamen Restaurantbesuch enttarnt werden: Eine Allergie vorzuschieben oder sich als überzeugter Veganer auszugeben, ist eine »grobe Keule« und ebenso einfallslos wie durchschaubar. Derlei Befindlichkeiten sind in der Regel bekannt, es sei denn, Sie sind bei einer Zufallsbekanntschaft zu Gast. Faustregel also: Nicht pauschalisieren, nicht übertreiben, sondern einen möglichst konkreten Vorwand vorschieben: »Ich hatte gestern eine Magenverstimmung, heute ist es besser, aber ich muss noch etwas vorsich-

tig sein.« Eine denkbare Notlüge, die es Ihnen ermöglicht, sehr zurückhaltend zuzugreifen. Schließlich kann man es ja noch als Geste der Wertschätzung interpretieren, dass Sie trotz gesundheitlicher Beeinträchtigung die Einladung wahrnehmen, sich aber beim Essen zurückhalten müssen.

➡ **Sie kochen mit.**
Wenn Ihr Frühwarnsystem anschlägt und die Situation es zulässt, sollten Sie schon bei der Einladung Einfluss auf die Wahl des Gerichts nehmen. Wer als Vegetarier zum Grillabend kommt und überrascht ist, wenn nur Fleisch zur Auswahl steht, kann vermutlich auch nicht vorhersagen, wie spät es in einer Stunde ist. Da bei Einladungen und Partys in der Küche oder neben dem Grill die begehrtesten Plätze sind, können Sie prima anbieten, gemeinsam zu kochen, ohne die Kochkünste des Gastgebers zu schmälern. Das gemeinsame Kochen wird ja seit Jahren überall hochgejubelt, also nutzen Sie die Möglichkeit, selbst aktiv zu werden: Und Sie bringen rein zufällig mit, was Ihnen auch selbst schmeckt.

》》Über Geschmack kann man streiten –
oder auch nicht. Ganz nach Geschmack. 《《

Werner Mitsch (*1936), deutscher Aphoristiker

➡ **Sie essen nur das, was Ihnen in den Kram passt.**
Das geht natürlich nur bei Einladungen im Restaurant. In guten Lokalitäten kann Ihnen die Speisekarte egal sein. Wenn der Gastronom sein Service-Verständnis nicht bei der Fremdenlegion erlernt hat, dürfen Sie Flexibilität erwarten. Ich habe in einem »Spitzenrestaurant« erlebt, dass meine Begleitung auf die Produkte der Haute cuisine verzichten wollte und passend zu den gepfefferten Preisen ein Pfeffersteak mit Pommes wünschte. Auf die pikierte Feststellung des Kellners »In einem Spitzenrestaurant gibt es keine Fritteuse und daher auch keine Pommes« kam bündig: »In einem Spitzenrestaurant bekommt der Gast, was er wünscht.« Und so war es dann auch. Wenn Ihr Gegenüber Ihnen die verkehrte Nachspeise bestellt oder ein »Gruß der Küche« serviert wird, den Sie nicht »über die Lippen bringen«, antworten Sie politisch korrekt »Nein danke, ich muss noch fahren«, selbst wenn es sich um laktosefreies Speiseeis handelt. Den charmanten Wink versteht jeder, ohne Ihnen etwas übel zu nehmen.

Verhaltensregeln bei Tisch

Damit sich bei einem Dinner erst gar kein Fettnäpfchen vor Ihnen auftut, sollten Sie die folgenden Tipps beherzigen.

1. Nicht einnebeln

Bei Parfum und Aftershave sollten Sie vor einem gemeinsamen Essen Zurückhaltung üben. Geschmäcker sind verschieden, und Ihr Lieblingsduft könnte dem Tischnachbarn den Atem rauben. Bei kulinarischen Anlässen möchte man schließlich nur die Speisen und Getränke riechen.

2. Nicht alleine antrinken

Wer Durst hat, geduldet sich, bis die Gastgeberin oder der Gastgeber das Glas erhebt. Formvollendet nimmt sie oder er den Kelch, sucht lächelnd Blickkontakt und haucht: »Zum Wohl(e)!« oder »Auf Ihr Wohl!« Jede andere Formulierung gilt als hemdsärmelig und unfein.

3. Auf das Signal zum Essen warten

Die Etikette verbietet es seit jeher, einander »Guten Appetit!« zu wünschen. Das gehört historisch an den Holztisch und nicht an eine gedeckte Tafel. Ein Blick, ein Lächeln in die Runde genügt. Man spürt, wenn es losgeht. Mimik und Gestik des Gastgebers sagen alles. Aber man muss sich nicht mit allem abfinden, was der Knigge sagt. Ich habe noch nie erlebt, dass jemand schief angeschaut wurde, der »Guten Appetit!« gewünscht hat.

4. Den Mund nicht zu voll nehmen

Tun Sie sich und anderen den Gefallen, niemanden direkt anzusprechen, der gerade kaut. Er könnte sich verschlucken oder versehentlich direkt mit vollem Mund antworten. Den Anblick sollten Sie sich ersparen.

5. Die Serviette richtig ablegen

Während des Essens gibt es nur einen Ort für die Serviette: Ihren Schoß. Stehen Sie zwischendurch auf, legen Sie die Serviette nicht auf den Stuhl. In den USA ist das üblich, bei uns gilt es als unappetitlich, das Mundtuch abzulegen, wo gerade der Hintern war. Bei uns gehört die Serviette links neben den Teller. Fällt sie zu Boden, lassen Sie sich eine neue bringen.

Ein Fleck am falschen Fleck

Bekennen Sie Farbe!

Eine Hochzeit ist eine unvergessliche Angelegenheit, vor allem dann, wenn es sich um die eigene handelt. Natürlich gelten die üblichen Einschränkungen, denn ein Familienfest ist ein Familienfest: Der Schwiegervater erinnert die Hochzeitsgemeinde in selbstverfassten Versen daran, wie es damals war mit der kleinen Charlotte und dem Kackamachen und den ersten Jungs ... Naja, Schwamm drüber, wenn's ein paar Lacher gibt. Augen zu und durch!

Als Nächstes kommen zwischen Kaffee, Kuchen und Abendmenü die unvermeidlichen sogenannten besten Freundinnen. Wenn sie's gut meinen, haben sie nur einen Gassenhauer umgetextet und tragen ihn zur Klampfe vor. Sonst müssen Sie wahrscheinlich gemeinsam mit Ihrem frisch angetrauten Gemahl mit einer Nagelschere ein Herz aus einem Bettlaken schneiden. Oder Sie müssen im Brautkleid, gemeinsam mit Ihrem Mann, einen dicken Baumstamm durchsägen. Oder Sie müssen an einer extrem lustigen, auf Sie zugeschnittenen Version von *Herzblatt* mitwirken. Was auch immer geschieht, Sie werden das Opfer sein.

Dazu gibt's in der Regel interessante Fotos aus Ihrer Jugend und frühen Kindheit. So Sachen, die Sie selber nicht mehr wissen wollen. »Ob Sie's glauben oder nicht, liebe Hochzeitsgäste, das hier ist die kleine Charlotte mit zwölf in Dänemark am FKK-Strand! Und das da ist vor Ort ihr bester Freund gewesen, der Ole aus Kristiansand.« Aber das alles haben Sie gewusst und trotzdem geheiratet; deshalb bleibt Ihnen Ihre Hochzeit als rundum erfreuliche Angelegenheit unvergessen.

Es sei denn, Sie haben bei der Wahl des Brautstraußes nicht auf Ihre Floristin gehört und entgegen deren ausdrücklicher Empfehlung darauf bestanden, dieses herrliche Bouquet von roten Rosen, Gräsern und dunklen Beeren zu bestellen. Später, beim Hochzeitsessen, haben Sie diesen wundervollen Strauß auf Ihrem Schoß. Die Beeren tun, was Beeren gerne tun: lautlos platzen. Das kräftige Dunkelrot bildet dann zwar einen herrlichen Kontrast zu Ihrem pastellfarbenen Hochzeitskleid, aber die Situation wird trotzdem schwierig, weil Sie das erst bemerken, als die Kapelle den Brautwalzer anstimmt und Sie sich erheben. Das Kleid ist ruiniert.

Und selbst wenn Sie niemals ein Hochzeitskleid tragen sollten, gegessen und getrunken wird auf jeder besseren Veranstaltung, auf den After-Show-Partys der New Yorker *Fashion Week* ebenso wie beim 50. Geburtstag von Onkel Otto Wolfgang. Natürlich könnten Sie in Kenntnis der Heimtücke von Blaubeersorbet und Châteauneuf-du-Pâpe um fruchtige Desserts und rote Weine einen großen Bogen machen. Aber wollen Sie das wirklich? Sie können ja nicht auf alles verzichten, was Flecken macht! Dann stehen Sie bald recht allein in der Ecke und nippen am Wasserglas. Und verpassen womöglich die Chance Ihres Lebens.

Alarmstufe Rot

Die wunderschöne Farbe Rot steht für Liebe und Leidenschaft, die Farbe des Feuers kann aber auch furchtbar lästig sein. Als wäre die Situation nicht schon unangenehm genug – sie treibt uns auch noch die Schamröte ins Gesicht. Warum eigentlich? Die Ursache dafür liegt im vegetativen Nervensystem. Es steuert sämtliche Vorgänge, die nicht unserem Willen unterliegen. Zwei Nervenstränge wirken gegeneinander: der antreibende Sympathikus und der beruhigende Parasympathikus. Meist gleichen sich die beiden aus. In einer peinlichen Situation gewinnt aber der Sympathikus die Oberhand und versetzt uns in Alarmbereitschaft: Das Herz klopft, der Blutdruck steigt, Adrenalin wird ausgeschüttet. Das Blut schießt verstärkt ins Gehirn, also in den Kopf. Im Gesicht und am Hals sieht man das, weil dort die Blutgefäße dicht unter der Haut liegen. Das Fatale: Je mehr Sie die rote Birne verstecken wollen, desto mehr Anspannung erzeugen Sie, und desto länger wird die Röte in Ihrem Gesicht bestehen bleiben.

Was nicht alles passieren kann, wenn jemand ein Glas frisch gepressten Orangensaft über ein Kleid gießt: In *Notting Hill* mit Hugh Grant und Julia Roberts war es der Anfang einer Liebesgeschichte. Aber nicht immer gibt es nach einem solchen Malheur ein Happy End.

Sie verschütten bei Tisch etwas und bekleckern sich oder Ihr Date. Wie kommen Sie da sauber raus?

⇨ Wenn der Rotwein auf Ihrer eigenen Bluse gelandet ist, entschuldigen Sie sich: »Oha, so eine Sauerei! Sorry, ich bin gleich wieder da!« Und weg sind Sie, um auf der Toilette zu retten, was zu retten ist: Möge die große Brosche aus der Handtasche das Unheil kaschieren! Oder mögen Seifenspender und Handföhn die gröbsten Spuren verwischen – und das vorteilhafte Halbdunkel des Restaurants den Rest gnädig verdecken.
Spontan. Ehrlich. Menschlich. Wenn der Typ nur einen Funken Anstand hat, dann wird er Sie verstehen. Und wenn er sogar Ihre Brosche lobt, sollten Sie ihn später fragen, ob er noch auf einen Drink mit nach oben kommt. No risk, no fun.

⇨ Sie federn die Situation mit einem Spruch ab: »Uups! Das war mein Hummer! Der lebt wohl noch. Hoffentlich hab' ich ihm nicht wehgetan!« Dann essen Sie einfach weiter. Alternativ sehen Sie Ihrem Gegenüber völlig entspannt in die Augen und sagen: »Hoppala! Jemand hat mein Glas umgekippt! Ob ich wohl nochmal was zu trinken bekommen könnte?« Und essen dann einfach weiter ...
Das ist Chuzpe! Erfordert allerdings Schlagfertigkeit und gesundes Selbstbewusstsein. Und vielleicht tut Ihr Gastgeber es Ihnen gleich und verspricht, den Koch zu verklagen, weil es doch wirklich unverantwortlich sei, lebende Hummer zu servieren! Manchmal ist die Angelegenheit am schnellsten wieder vergessen, wenn man nicht viel Aufhebens darum macht.

Kurz mal verdrücken

In vielen Gasthäusern stehen immer noch Zahnstocher auf den Tischen. Allerdings: Wenn Sie sich die Zähne säubern möchten, dann gehen Sie besser kurz auf die Toilette; dort können Sie Ihr Lächeln im Spiegel kontrollieren. Auch rate ich Ihnen ab, in Ermangelung eines Taschentuchs die Serviette zu benutzen. Wenn Sie sich ordentlich schnäuzen möchten, verdrücken Sie sich lieber kurz und nehmen Sie Klopapier.

»Royale Prävention«

Halten Sie von den Windsors, was Sie wollen. Aber bei den Tischsitten kann man sich ein Beispiel an Queen Elizabeth II. nehmen. Verreist sie, läuft das Essen nach Protokoll: Das erhält jeder Gastgeber lange vor der Ankunft. Darin steht unter anderem, dass die Queen, die kulinarisch als äußerst unkompliziert und bescheiden gilt, weder blutiges noch scharf gewürztes Fleisch und keine Schalentiere wünscht, da diese zu »gastrischer Unpässlichkeit« führen könnten. Letztere auch zu Herumgepule. Auf dem Index Ihrer Majestät stehen aber auch Spaghetti, weil das Aufrollen meist wenig anmutig abläuft und Sauce, vor allem Tomatensauce, aufs Kleid spritzen könnte. Knoblauch möchte sie nicht, um schlechtem Atem vorzubeugen, und Blau- oder Brombeeren könnten die Zähne verfärben. Wenn möglich meiden Sie also alles, was fürs Kleckern berüchtigt ist. Sollten Sie deshalb als Prinzessin auf der Erbse verschrien werden, macht nichts, es gibt schlimmere Titel.

⇨ Sie bitten Ihren Gastgeber höflich um sein Jackett, streifen es über und verschwinden auf die Toilette, wo Sie sich Ihres verschmutzten Oberteils entledigen. Bis auf den Spitzen-BH. Sie ziehen sein Jackett drüber, krempeln notfalls die Ärmel etwas hoch und kehren zum Esstisch zurück.
Er wird es lieben! Denn Vergleichbares hat er noch nicht erlebt; so was kennt er bisher nur aus *True Lies,* dem Actionfilm mit Arnold Schwarzenegger. Wo sich Arnies Ehefrau im Film, Jamie Lee Curtis, die Ärmel und die Rüschen vom Kleid reißt, um als Callgirl eine gute Figur abzugeben. Und jetzt schnappen Sie sich sein Jackett und tauchen halbnackt wieder auf, um das Allerlei vom iberischen Schwein nicht zu verpassen, das der Kellner gleich serviert. Der Hammer! Wenn er aufsteht und geht: nicht traurig sein. Der Typ scheint ziemlich phantasielos zu sein. Er würde wahrscheinlich auch verzweifeln, wenn sein sauteurer Geländewagen einen Spritzer Schlamm abkriegte. Danken Sie Ihrem Malheur!

⇨ Sie tun wegen Ihrer Bluse einfach gar nichts. Falls der Oberkellner panisch mit den Augen rollt, reichen Sie ihm lässig Ihre Visitenkarte mit den Worten: »Bittesehr – falls Sie wegen der Tischdecke Scherereien mit der Versicherung bekommen.« Dann bestellen Sie ein Mineralwasser: Ihr Mund sei schon ganz trocken.
Sie werden damit nicht nur den Kellner aus der Fassung bringen, sondern sehr wahrscheinlich auch Ihr Date. Aber hey – jetzt kann er zeigen, was für ein Typ er ist. Chili-Rauspuler oder Jack Bauer. Dann können Sie immer noch entscheiden, was nach dem Dessert geschieht.

Heiße Ware
Wird gegessen, was auf den Tisch kommt?

Kochen Sie gerne? Macht es Ihnen Freude, ein Festessen nach dem Rezept eines Sternekochs zuzubereiten? »Schweineschulter vakuumieren und 30 Stunden bei 55° C Wassertemperatur garen.« Fahnden Sie geduldig nach den umbrischen Berglinsen, die das Rezept fordert? Umfasst Ihr Gewürzregal Langen Pfeffer, Pimentón de la Vera, Kreuzkümmelsamen und Purple Curry? Gratulation – dann haben Sie allen Grund zur Freude, wenn Sie gerade umgezogen sind und die neuen Nachbarn zur Begrüßung zum Abendessen einladen. Ein schöner Anlass, um ganz groß aufzukochen!

Aber vielleicht geht es Ihnen ja eher so wie Angelina Jolie. Sie hat zu Protokoll gegeben: »Ich koche nicht. Es ist das Einzige, was ich einfach nicht kann!« Bei Angelina ist das nicht weiter tragisch, schließlich hat sie Brad Pitt schon rumgekriegt. Überhaupt scheint das mit dem Kochen bei weiblichen Stars nicht gerade en vogue zu sein. Guy Ritchie lästert über seine Ex-Frau Madonna, sie sei oft launisch, stur und könne überhaupt nicht kochen. Catherine Zeta-Jones, Ehefrau von Michael Douglas: »Ich kann nicht kochen.« Beyoncé Knowles? Kann singen, aber nicht kochen. Carla Bruni? Kann ganz nett singen, aber auch nicht kochen. Kate Beckinsale? Kann ihrem Ehemann keine ordentliche Mahlzeit zubereiten. Stört sie aber nicht, kann man sich ja liefern lassen. Sie kümmere sich lieber um andere Dinge, sagt sie. Ihr sei nämlich wichtiger, »dass er sich nicht Sex liefern lässt«. Und von Woody Allen stammt der schöne Satz: »Nicht, dass meine Frau schlecht kocht, aber es kommen fortwährend irgendwelche Pygmäen in meine Küche und tauchen ihre Pfeile in die Suppe.«

Würde ein Alien auf der Erde landen und eine Woche deutsches Fernsehen gucken, bekäme er den Eindruck, Deutschland sei bewohnt nur von Köchen und solchen, die es werden wollen. Noch nie wurde so viel öffentlich gekocht. Mancher ist schon übersättigt und plädiert für eine strenge Diät. In Wahrheit verwechselt ein Großteil der Deutschen aber Kochen mit Warmmachen. Eine Umfrage des Magazins *Der Feinschmecker* ergab: 40 Prozent der Bevölkerung kocht nie mit frischen Produkten. In der Altersgruppe bis 35 Jahre ist es sogar fast die Hälfte. Fragen Sie mal ein paar junge Mädchen nach ihrem Lieblingsessen. Die Antwort wird sein wie die von Britney Spears: Hotdogs, Pizza, Pasta und Eis. Oder so wie die von Kerry Katona, Ex-Sängerin von *Atomic Kitten:* »Ich esse weder Gemüse noch Obst. Ich habe noch nie eine gekochte Karotte probiert und erst einmal Brokkoli.« Klingt wie ein Notruf nach Jamie Oliver.

Den Fernsehkoch könnten Sie jetzt gerade auch ganz gut gebrauchen, als Hilfe in der Not. Denn es gibt Dinge, die Sie besser können als Schalotten würfeln und Eier pochieren. Sie haben zu einem schönen Essen eingeladen. Sie sind umgezogen und wollen bei den neuen Nachbarn Eindruck machen. Sie wissen, dass Sie an der Gebackenen Wachtelroulade mit Kichererbsenmark, Gewürztomaten und Chorizoschaum scheitern würden. Ihr Hoffen auf Jamie Oliver ist vergebens. Sie haben sein Buch *Jeder kann kochen* aussortiert, weil Sie feststellen mussten, dass schon der Titel eine Lüge ist.

Sie wählen sich also den Brasserie-Klassiker: Steak frites, dazu Tomatensalat. Etwas Fleisch, etwas Salat – so schwer kann das ja nicht sein. Und so nimmt das Schicksal seinen Lauf. Sie wählen das abgepackte Rindfleisch aus dem Supermarkt, dünn geschnitten, aus der Oberschale. Mager und tiefrot. Im Gegensatz zu den Tomaten. Die sind eher hellrot und sehr günstig. Sie greifen zu, weil Sie nicht wissen, was Anthony Bourdain, ebenfalls ein schreibender Topfgucker, in seinem Buch *So koche ich* zu diesem Thema sagt: »Wenn Sie keine guten Tomaten kriegen können, machen Sie das verdammte Gericht nicht.« Ach ja, Tiefkühlfritten. Die kann man machen.

Die Gäste sind seit einer halben Stunde da und amüsieren sich im Wohnzimmer. Der Prosecco ist prima, und Ihr Partner unterhält die neuen Nachbarn. Sie schwitzen, denn jetzt wird's ernst. Das Fleisch ordentlich salzen und pfeffern und dann in die Pfanne. Einmal wenden, zweimal wenden, dreimal wenden, viermal wenden, die Minuten ziehen ins Land. Aber irgendwie müssen Sie das Fleisch ja warmhalten, wo doch die Pommes noch nicht fertig sind. Zum Glück geht die Pfefferrahmsauce aus der Tüte ziemlich flott. Sie servieren Ihre Steak frites mit Salat. Die Gäste sind hung-

Welche Situationen sind uns peinlich?

Wir fühlen uns unwohl, wenn wir den Eindruck haben, in irgendeiner Form unangenehm aufgefallen zu sein, jemanden verletzt zu haben, einen großen Fehler begangen zu haben oder den eigenen Erwartungen und denen der Mitmenschen nicht entsprochen zu haben.

rig. Aber noch während Sie mit dem Messer am Fleisch herumsäbeln, um einen mundgerechten Bissen abzutrennen, wird Ihnen klar: Ein kulinarischer Albtraum ist wahr geworden und liegt jetzt vor Ihnen auf dem Teller. Und leider auch auf den Tellern Ihrer Gäste.

Essensgäste bei Ihnen, und das Steak ist zäh wie Leder. Wie retten Sie das Abendessen?

⇨ Sie schummeln einfach: »Also mein Fleisch ist prima. Schmeckt's euch auch?«
Unverschämtheit! Wenn Sie das ernsthaft durchziehen, dann sollten Sie sich auf eine schwierige Nachbarschaftsbeziehung gefasst machen.

⇨ Sie servieren einen flotten Spruch: »Ich wusste nicht, ob jeder hier rohes Fleisch isst, deshalb hab ich's durchgebraten.« Oder Sie tragen ganz dick auf: »Wenn Sie finden, das Fleisch ist schlecht, dann probieren Sie erst mal den Salat!«
Für so viel Offenherzigkeit ernten Sie garantiert einen Lacher. Verständnisvolle Menschen werden jetzt mit Ihnen leiden. So was sollte Ihnen aber nicht dauernd passieren, denn sonst brauchen Sie bald keine Gäste mehr einzuladen.

⇨ Sie legen kommentarlos Ihr Besteck beiseite, holen das Telefon und fragen dann ganz ernsthaft in die Runde: »Also, was für Pizza soll ich bestellen?«
Direkt. Humorvoll. Pragmatisch. Jetzt müssen Sie nur sagen, dass es Ihnen ernst ist. Mehr können Sie nicht tun, um Schaden abzuwenden. Falls die Gäste dennoch darauf bestehen, weiterzuessen – »So schlimm ist es gar nicht!« –, dann überlegen Sie sich gut, ob Sie die Einladung zum Gegenbesuch annehmen. Womöglich will man Ihnen eine Falle stellen. Rache ist bekanntlich Blutwurst.

⇨ Sie erfinden eine Notlüge, damit Sie nicht völlig das Gesicht verlieren. Außerdem bitten Sie um Nachsicht: »Meine Schuld. Meine Schwester hat vorhin angerufen, da hab ich das Fleisch in der Pfanne vergessen. Ich könnte uns aber schnell Nudeln machen!«
Sie sind vielleicht keine begnadete Köchin, aber Ihr Eingreifen ist lobenswert: Sie wissen, was Sie Ihren Gästen zumuten können und was nicht. Wenn Sie beim Nudelkochen ähnlich »versiert« sind, sollten Sie Ihr Angebot aber zumindest in diesem Punkt noch einmal überdenken. Vielleicht doch besser die Lösung mit dem Pizza-Service?

Bitte (nicht) zahlen!
Der Geizhals ist immer der andere

Kennen Sie das? Sie gehen nach der Arbeit mit Kolleginnen noch etwas essen. Vielleicht in ein Sushi-Restaurant oder eine Tapas-Bar, um ein bisschen zu schwatzen und zu relaxen. Da Sie gerade auf Diät sind oder wegen Ihres anstehenden Urlaubs etwas sparen, trinken Sie nur ein Glas Weißwein und belassen es bei einer Maki-Rolle. Die Kollegen verwöhnen sich mit teuren Sashimi oder bestellen eine ganze Bento-Box voller kleiner Köstlichkeiten. Dazu eine Flasche Chardonnay und hinterher jeder noch einen Espresso. Als die Rechnung kommt, sind sich – »weil wir ja so unkompliziert sind« – alle einig: »Das geht durch vier.« Man will der armen Bedienung schließlich keine Mathematikstunde erteilen. Um nicht als Erbsenzähler dazustehen, zücken Sie Ihr Portemonnaie und zahlen Ihr Viertel. Aber eigentlich passt Ihnen das gar nicht. Wieso sollen Sie sich am Gelage der anderen beteiligen? Wieso sehen die Kolleginnen nicht, dass Sie nur ganz wenig gegessen und getrunken haben? Wollen sie es womöglich nicht sehen? Oder wollen sie nur sehen, ob Sie sich wehren?

Andere Länder, andere zahlen

Kaum jemand macht ein so Theater um das Bezahlen der Restaurantrechnung wie die Deutschen. Im Gegenteil: In Polen, Russland und Tschechien wäre ein Mann zutiefst gekränkt, machte eine – auch sehr emanzipierte – Frau die geringsten Anstalten, im Restaurant die Rechnung zu übernehmen. In China lädt man Geschäftspartner im Restaurant ins Separee ein, was eine Ehre ist. Diese privaten Speiseräume bieten oft eine Sitzecke mit Karaoke-Anlage. Nach Speisen und Gesang wird spielerisch ums Begleichen der Zeche »gekämpft«, mit viel Verbeugen, viel Lächeln, vielen Gegeneinladungen. Getrennt zu zahlen kommt jedenfalls gar nicht in Frage. Für die deutsche Sitte, separat zu bezahlen, hat man auch in Frankreich wenig Verständnis. Es gibt eine Rechnung für alle, danach rechnet jeder seinen Anteil aus und überreicht ihn dem Zahlenden. Ohne Scham und Ziererei. Trinkgeld wird nicht aufgerundet, sondern in stets bereitstehender Schale oder dem Rechnungsetui hinterlassen. Das gilt in den meisten Mittelmeerländern. Wenn sich Leute über die Rechnung beugen und Kleingeld hin- und herschieben, betrachten sie das als Erbsenzählerei.

Okay, Sie wehren sich nicht. Diesmal noch nicht. War ja auch ein schöner Abend. Aber das nächste Mal spielen Sie nicht mit. Das schwören Sie sich. Da rechnen Sie sich aus der Gesamtrechnung genau raus, was Sie konsumiert haben. Sollen die anderen den Rest dann durch drei teilen … Und auch beim Trinkgeld werden, so Ihr Vorschlag, diejenigen, die die große Zeche machen, den größeren Teil übernehmen. Eine Maki-Rolle für 3,50 Euro und dann zwei Euro Trinkgeld – was soll das? Außerdem haben Ihre Kolleginnen munter Zigaretten geschnorrt. Und neulich, als Sie gemeinsam in der Eisdiele waren, hatte eine nicht genug Geld dabei, sodass Sie einspringen mussten. Schluss damit!

Was tun, wenn die Rechnung durch vier geht, obwohl Sie weniger konsumiert haben als die anderen?

⇨ Sie kündigen schon zu Beginn des Abends an, nur das zu zahlen, was Sie auch konsumieren. Dann gibt es hinterher keine Missverständnisse. Der Abend wäre vermutlich gelaufen, bevor er begonnen hat. Mit Ihrer Ankündigung unterstellen Sie Ihren Kolleginnen, Sie möglicherweise über den Tisch ziehen zu wollen. Und das, bevor die Bestellungen überhaupt getätigt worden sind. Mit so einer möchte man nicht noch mal ausgehen.

⇨ Sie sagen: »Bin ich Madonna?«, und bestehen auf sauberer Abrechnung.
Was Sie »sauber« nennen, ist schwäbischer Geiz. Wegen zwei Euro oder auch
zehn den Taschenrechner rauszuholen, ist kleinkariert, wenn Sie nicht gerade
alleinerziehende Mutter und die anderen DINKs (double income, no kids) sind.
Dann wären Sie wirklich Madonna ähnlich. Wundern Sie sich deshalb nicht,
wenn Ihre Kolleginnen kontern, Sie hätten sich selbst mehr aus der Chardonnay-
Flasche eingeschenkt als ihnen. Oder dass Sie ihnen zweimal ein Sashimi vom
Teller stibitzt haben. Auge um Auge, Zahn um Zahn.

⇨ Sie sagen: »Wenn man zusammen ausgeht, muss man sich auch die Kosten
teilen, ohne dem anderen auf den Teller zu schauen.«
Entweder heißen Sie Josef »Peanut« Ackermann und kassieren fette Boni, oder
Sie sind auffallend großzügig. Es ist schließlich nicht einzusehen, dass Besser-
verdienende oder notorische Geldrausschmeißer bestimmen, wie teuer der
Abend für Sie wird. Was rauskommt, wenn Gambler das Geld anderer Leute ver-
juxen, erleben wir gerade in der Wirtschaft. Nicht jeder ist mit einem goldenen
Löffel im Mund geboren. Viele müssen eine Familie ernähren oder Schulden
abzahlen. Und mancher steckt sein Geld lieber in Klamotten oder Reisen als
ins Essengehen. Haben Sie Angst, schief angesehen zu werden, wenn Sie ein
schmaleres Ausgeh-Budget haben? Fürchten Sie, außen vor zu bleiben, weil
Sie Prosecco- und Tapas-Orgien finanziell nicht durchhalten? Wenn der Ausgeh-
Spaß wirklich mit unkontrolliertem Geldausgeben verbunden ist, müssen Sie
sich fragen, ob Sie in der richtigen Gesellschaft sind. Kennen Sie vielleicht
die falschen Leute? Solche wie manche Freundinnen und Freunde von Britney
Spears und Christina Aguilera, die immer bei großen Sausen dabei sein wollten
und hinterher feststellen mussten, dass der Abend für sie teuer wird. Beim
Trinken pflegen die beiden Sängerinnen nämlich nicht so zu sparen wie an den
Textilien, die sie bei ihren Bühnenauftritten tragen. Und Bargeld hatten sie
meist auch nicht dabei – zumindest fürs Trinkgeld nicht.

⇨ Wenn beim nächsten Mal der Vorschlag kommt, alles durch vier zu teilen, dann
sagen Sie: »Halt. Erst mal die Rechnung anschauen.« Aber nur, wenn Sie deutlich weniger konsumiert haben als die Kolleginnen. Dann kann Ihnen niemand
Schwaben- oder Schottengeiz vorwerfen, wenn Sie Ihren Anteil reduzieren.
Nach einem schönen Abend auf einem geringeren Anteil für sich zu bestehen,
ist immer eine heikle Angelegenheit. Der Verzicht aufs Dessert oder einen Latte
macchiato weniger wären kein Grund, Ihren Anteil zu kürzen – wohl aber, Sie als
kleinlich zu brandmarken.

Nichts als heiße Luft
Der Alleinunterhalter

So eine Nervensäge! Zieht sich die Seezungenroulade mit bretonischem Hummer rein, schlürft einen edlen Meursault-Weißwein – und schimpft. Schimpft über die schlechte Lebensqualität im hohen Norden. Der kulinarische Horizont, schwadroniert er ohne Rücksicht auf die anderen Gäste am Tisch, sei für einen Genießer wie ihn, der viel herumkomme in der Welt, zu eng gesteckt. Paris erwähnt er, New York, Singapur und wieder Paris. Kein gutes Brot gebe es zwischen Nord- und Ostsee, nur holländischen Industriekäse, ordinäre Bratkartoffeln auf den Speisekarten statt feine Pommes de terre. Und in puncto Wein seien hier wohl Pinot Grigio und Rotspon das Höchste der Gefühle. Kein Wunder bei einem Menschenschlag, der am liebsten an der Wurstbude im Stehen esse. Ein Teil der Tischnachbarn ist entsetzt, der Rest hat sich genervt abgewendet. Als die Gastgeberin kommt und fragt, ob alles in Ordnung sei, hebt er, bevor ein anderer Luft holen kann, sein Glas und antwortet: »Wir unterhalten uns prächtig.« Dann geht seine lautstarke Tirade weiter. Gute Gasthäuser gibt's eh

Peinliche Situationen bewältigen

Alle Anwesenden sind gefordert, an der Beseitigung einer Peinlichkeit mitzuwirken. Generell gibt es drei Möglichkeiten, wie man demjenigen hilft, der sich in die missliche Lage gebracht hat: Man kann ihn erstens ignorieren, also überhören, übersehen, übergehen. Man tut, als sei nichts geschehen. Man kann ihn zweitens aufrichten, indem man etwa sagt: »Das ist mir auch schon passiert« oder »Halb so wild. Das kann doch jedem passieren.« Drittens kann man sich entfernen, wenn der Person die Situation so peinlich ist, dass sie in Tränen ausbricht oder einen Wut- oder Lachanfall bekommt.

keine. Feinschmeckerlokale? Die seien den Stern, den sie führen, meist nicht wert. Einige seien schlicht eine Katastrophe, was er der Feinschmeckerbibel *Guide Michelin* auch jeweils schriftlich mitgeteilt habe.

Die einzige Katastrophe ist dieser Kerl selbst, der ungefragte Alleinunterhalter, der jegliche Tischmanieren vermissen lässt und sich über alle Konversationsregeln hinwegsetzt. Neben so einem sitzen zu müssen, ist eine Strafe. Am liebsten würden Sie ihn am Schlafittchen packen und an die Luft setzen.

Tischkonversation ist oft eine heikle Sache. Einem klugen Gastgeber ist die Sitzordnung genauso wichtig die Zusammenstellung des Menüs. Von der Gästeliste ganz zu schweigen. Aber auch der Gast hat sich in Gesellschaft gewissen Regeln zu unterwerfen. Dazu gehört es, sich beiden Tischnachbarn zuzuwenden, nicht nur einem. Er darf niemand allzu sehr in Beschlag nehmen. Natürlich sollte er nichts Verletzendes sagen und versuchen, alle Gäste ins Gespräch einzubeziehen. Klingt selbstverständlich, ist es aber nicht. Jedenfalls nicht für alle.

Wir waren eine nette, bunte Runde am Tisch. Einige Personen kannte ich vom Sehen, andere nur dem Namen nach. Angeregt unterhielten wir uns über Reisen, Urlaub, Autos ... und über die Deutsche Post. Die Post? Einer der Gäste am Tisch hatte Ärger mit dem Gelben Riesen gehabt. Ein Brief war verloren gegangen. Anlass für ihn, seinem Ärger über das schlampige Unternehmen Luft zu machen. Unpünktliche Auslieferung, Irrläufer im Briefkasten, Schlangen vor den Postschaltern, schlecht ausgebildetes Personal – alles was an Vorwürfen in den Medien kursiert, brachte er auf den Tisch. Betretenes Schweigen bei den Zuhörern. Doch der Postkritiker drehte jetzt erst richtig auf: der Absturz der Postaktie, die Zumwinkel-Affäre, der Krankendaten-Skandal – von nichts blieben wir am Tisch verschont. Irgendwann eröffnete ein Herr an meinem Tisch den Anwesenden, er sei ein verdienter Mitarbeiter der Deutschen Post AG.

Wie schreiten Sie ein, wenn jemand das Tischgespräch an sich reißt und mit seinen Themen dominiert?

⇨ Sie würden grob werden: »Verzeihung, mir reicht Ihr Geschwafel. Würden Sie jetzt bitte damit aufhören!«
Verdient wäre eine solche Reaktion. Aber Sie riskieren einen Eklat. Als Gastgeber können Sie's, wenn das Gerede unerträglich wird, drauf ankommen lassen. Als Gast müssen Sie sich zurückhalten. Sie sind nicht Bud Spencer oder Terence Hill. Die würden gleich kurzen Prozess mit der Plaudertasche machen.

⇨ Sie würden der Person Kontra geben, versuchen, sie inhaltlich in die Ecke zu drängen. Die besseren Argumente haben Sie ja.
Das ist das Falscheste, was Sie tun können. Jeder Widerspruch befeuert solche Typen, stachelt ihren Eifer an. Und macht alles noch schlimmer. Verfolgen Sie die politischen Talkshows im Fernsehen. Da steckt auch niemand zurück, nur weil er eine Breitseite bekommen hat. Selbst wenn der Moderator oder die Moderatorin den Streit für beendet erklärt, bittet der Angegriffene: »Einen Satz muss ich darauf noch antworten können ...« Dieser Satz wird dann meist der längste der Sendung.

⇨ Sie sagen kühl: »Würden Sie mich bitte entschuldigen!« Sie stehen auf, verlassen die Tafel und gehen an die Bar oder setzen sich an einen anderen Tisch.
Nicht schlecht. Am besten, Sie nehmen gleich noch zwei oder drei andere Personen mit. Ohne Publikum verstummen alle Entertainer, sogar die schlechten. Sie können auch deutlich sagen, warum Sie gehen: »Ich selbst habe nur positive Erfahrungen mit der Post (oder wem auch immer) gemacht, bedaure Ihren Ärger, kann ihn aber nur schwer nachvollziehen. Daher möchte ich mich an dieser Stelle ausklinken und wünsche Ihnen noch einen schönen Abend.«

⇨ Sie unterbrechen höflich, aber bestimmt: »Interessantes Thema. Aber wir sind nicht hier, um uns zu ärgern. Lassen Sie uns über etwas anderes reden.«
Eine symbolische Ohrfeige für den Alleinunterhalter. Er wird sie vermutlich einstecken. Es ist auch damit zu rechnen, dass Ihnen andere Menschen am Tisch zu Hilfe kommen und Ihren Vorschlag unterstützen: »Genau, wechseln wir das Thema.« Wenn nicht, bleibt Ihnen nichts als aufzustehen und den Tisch zu verlassen. Aber meistens hilft so eine Reaktion, die Selbstwahrnehmung zu schärfen, egal in welches Thema sich der Eiferer verrannt hat.

Der Ton macht die Musik

Aber nicht jeder Ton ist Musik

Manches würde man lieber nicht hören. Oder auch riechen. Gewissen schiefen Tönen kann man mit Fenchel oder Kreuzkümmel vorbeugen. Aber auch klar Artikuliertes kann uns entfleuchen. Dennoch: Die Zunge muss man sich nicht abbeißen.

Hast du Töne?

Bei Ihnen piept's wohl!

Menschen, die vor 1980 geboren sind, werden von jüngeren mitunter gefragt, wie das Leben ohne Mobiltelefon eigentlich war. »Schön«, antworten die einen und schwärmen davon, dass man noch still durch Wald und Wiesen streifen konnte und höchstens durch eine grunzende Wildsau, aber nicht durch einen Klingelton erschreckt wurde. Es gab noch keine telefonierenden Radfahrer und keine Fußballer, die mit Handy am Ohr Flanken üben und gleichzeitig Börsengeschäfte tätigen. Und von der Toilette im Gasthaus wurde man auch nicht durch Telefongequatsche in der Nebenzelle vertrieben.

Jüngere können sich oft kaum vorstellen, wie ein Wesen mit aufrechtem Gang und hoher Stirn, aber ohne Handy, als Mensch gelten konnte. Wie er es ohne Funk zu Firmung, Führerschein, Fachabitur bringen und dann noch genug Futter ranschaffen konnte, um sich und die Brut durchzubringen. So zerfällt die Menschheitsgeschichte in die Epoche vor und nach Erfindung des Handys. In der Vor-Handyzeit haben die Menschen gefroren, gedurstet, gedarbt. Waren Bedrohun-

gen ausgesetzt, weil sie nicht vor gecancelten Flügen und Radarfallen gewarnt
werden konnten. Sie hungerten, weil das Weibchen dem Männchen auf dem
Heimweg nicht mitteilen konnte, dass der Kühlschrank leer ist.

Das Handy hat das Leben dramatisch verändert. Man kann kurzfristig Dates ab-
sagen, flirten, ohne sich treffen zu müssen, kann aber auch seinem oder seiner
Liebsten eine Freude machen und sie mit einem Anruf beglücken. Und zwar von
fast überall aus. Aus der Kneipe nebenan ebenso wie aus Feuerland, wenn man
da zufällig ist. Selbst an abgelegenen Plätzen ist man per *web'n'walk* mitten im
prallen Leben. Ausgehungerte Weibchen wie Sandy Meyer-Wölden können sogar
per SMS eine Beziehung beenden, ohne fürchten zu müssen, gleich die harte
Vorhand des Männchens zu spüren. Nahrungsaufnahme ist für Intensivtäter von
Typ Handy-Sandy nicht mehr vordringlich. Man redet sich am Telefon satt. Für den
restlichen Bedarf reichen Joghurt und Prosecco.

Quäk, dudel, fiep – stöhn!

Heute benutzen fast 80 Prozent der Deutschen ein tragbares Telefönchen. Die
20 Prozent Handylosen bestehen im Wesentlichen aus Krippenkindern, Alten
über 90 und Intellektuellen: eine Randgruppe. Die große Mehrheit nutzt den
Mobilfunk liebend gerne. Dasselbe in unseren Nachbarländern: In Italien, dem
Land mit der größten Telefonino-Dichte der Welt, besitzt der durchschnittliche
Erwachsene 2,9 Handys (kaputte mitgezählt). Österreicher und Schweizer haben etwas weniger. Auch in Slowenien hat schon jeder Zweite ein Mobiltelefon.
Und man besitzt es nicht nur, man lässt es auch kräftig bimmeln. Vor allem die
14- bis 29-Jährigen kommunizieren bevorzugt über den Äther. So wölbt sich mittlerweile eine wahre Klangglocke über Europa, unter der es klingelt und quiekt,
zwitschert und pfeift, rockt und groovt. Mit zahllosen Melodien und Geräuschen
kann man sich seine Anrufe ankündigen lassen. Wer etwas auf sich hält, holt
sie sich per Download aus dem Internet. Oder er komponiert per Toneditor seine
Geräuschtapete selbst. Nur Spießer lassen es einfach klingeln.

Das Signal, mit dem sich ein Anruf ankündigt, ist also kein Resultat des Zufalls.
Der Empfänger sagt – nicht zum Anrufer, sondern zu seiner Umgebung: »Hey, ich
bin ein Fan von Britney Spears.« Oder – Kuhmuhen – »Ich bin ein Naturfreak.«
Oder – *Jingle Bells* – »Ich freue mich auf Weihnachten.« Wer auf Partnersuche ist
und sich im Onlineportal *iLove* eingeloggt hat, gibt sich durch eine Flirt-Melodie
zu erkennen. Die darf er sogar gratis abstauben. Wer einfach nur alle wissen lassen will, was für ein lustiger Typ er ist, lädt sich bei *YouTube* eine Sprechmelodie
runter: »Wenn mein Telefon klingelt und ich nicht kann, gehe ich trotzdem ran.«

Längst befassen sich Psychologen, Soziologen und Volkskundler mit dem Phänomen der Klingeltöne und damit, was sie über den Menschen verraten. Denn Klingeltöne sind ein Statement – wie Kleidung, Frisur, Tattoo. Sie sagen mehr über jemanden aus, als er gewöhnlich von sich preisgibt. Die Soundwahl ist also eine Art innere Wasserstandsmeldung für alle, die es hören wollen. Oder müssen. Schon Kinder demonstrieren mit ihrem Rufton ihre aktuellen Identifikationen – meist in Form von Musik. Jugendliche wollen ihre Gefühlslagen zeigen.

Erwachsene wollen sich über Klingeltöne outen, manche jedenfalls. Entweder gewollt – zum Beispiel als FC-Bayern-Hasser oder als Schwuler oder Lesbe – oder ungewollt als Langweiler oder als kleines Würstchen. Wer als Anrufsignal eine Kuckucksuhr wählt, darf sich nicht wundern, wenn er als Oberspießer gilt. Wer sich einen Soundtrack mit der gesprochenen Warnung »Achtung, Kampftrinker ruft an!« aufs Handy lädt, steht sofort als halbstarker Proll vom Land da.

Fast könnte man sagen: Lass mich dein Handy hören, und ich sag dir, wer du bist. Aber bitte diese Erkenntnis jetzt nicht als Aufforderung verstehen, die ganze Welt anzurufen und ihr mitzuteilen, welche Musik Sie lieben, was für einen Humor Sie haben und ob Sie gerade happy oder solo sind. Die Lärmglocke über Europa ist schon laut genug!

Außerdem kann es sein, dass Sie irgendwann einmal selbst Opfer einer Klingelattacke werden: Stellen Sie sich vor, Sie befinden sich im Erster-Klasse-Abteil in der Bahn. Ihnen gegenüber sitzt ein Herr im dunklen Anzug mit Krawatte und studiert Akten. Offenbar ein Banker. Er trägt eine Hornbrille, Modell 1990, und seine Haare sind bereits etwas schütter. Um das blanke Haupt zu bedecken, hat er die Haare von ganz links quer nach ganz rechts gekämmt. Typ Heinz Erhardt also. Nur nicht so lustig. Plötzlich läutet sein Telefon. Sie schrecken hoch und sehen, wie der Typ nervös seinen Koffer durchwühlt, um die Geräuschquelle zu finden. Sie zucken aber nicht deshalb zusammen, weil Sie in Ihrer Ruhe gestört sind, sondern wegen der speziellen Klingelmelodie, die von dem kleinen Ding kommt: ein lauter, harter Heavy-Metal-Sound. Sitzen Sie im falschen Zug? Halluzinieren Sie? Heavy Metal und dieser Typ mit seinen manikürten Fingernägeln und dem Schiebedach auf dem Kopf – da stimmt doch etwas nicht!?

》 **Wenn** wir frei von **Fehlern** wären, würde es uns nicht so viel **Vergnügen machen,** sie an **anderen** festzustellen. 《

Horaz (65–8 v. Chr.), römischer Dichter

Im Handy-freien Zugabteil stört Sie jemand mit einer aggressiv-lauten Handymelodie. Wie reagieren?

⇨ Sie würden sofort den Schaffner bitten, den Herrn zur Ordnung zu rufen.
Ja sind Sie denn auf den Mund gefallen? Handeln Sie doch selbst! Sie sind doch kein Würstchen, sondern ein erwachsener Mensch.

⇨ Sie teilen Ihrem Sitznachbarn unmissverständlich mit, dass die Musik, die er sich auf sein Handy geladen hat, nicht zu seinem Typ und Alter passe.
Kann sein, dass der Herr daraufhin noch einmal in den Koffer greift, um sein Zweithandy herauszuholen. Dessen Anrufsignal ist das Geräusch einer Klospülung. »Gefällt Ihnen das besser?«, fragt er Sie.

⇨ Sie denken: Wer sich so skrupellos über das Handyverbot hinwegsetzt, kann kein Banker sein, sondern ist wahrscheinlich ein Star. Vielleicht ist Ihr Gegenüber Ozzy Osbourne? Gealtert, brav geworden und nur noch sein ersungenes Vermögen verwaltend? Statt ihn auf das Handy-Verbot hinzuweisen, bitten Sie ihn um ein Autogramm.
Der Soundtrack, der von seinem Handy kommt, könnte Ihre Vermutung bestätigen. Und dass sich manche Stars tarnen, ist ja bekannt. Möglicherweise ist der Typ sogar auf dem Weg nach Wacken in Schleswig-Holstein, wo jedes Jahr das größte Heavy-Metal-Festival der Welt stattfindet. Aber wenn Sie sich dann das Autogramm, das er Ihnen gegeben hat, genau anschauen, werden Sie Ihre Hypothese schnell verwerfen. Ozzy Osbourne steht nicht auf dem Zettel, auf den er es gekritzelt hat. Vielleicht ist er ein Star der Banken- oder Versicherungsbranche, vielleicht aber auch nur ein Rentner auf dem Weg zurück von der Kur. Rentner haben manchmal einen komischen Musikgeschmack. Und ihr Handy auszuschalten, das vergessen sie gelegentlich auch.

⇨ Sie fragen den Störenfried nach seiner Telefonnummer. Wenn er fragt warum, antworten Sie ihm, dass Sie ihn auch einmal anrufen möchten. Sein Klingelton sei umwerfend. Sie könnten ihn gar nicht oft genug hören.
Die Frage wird dem alten Herrn garantiert peinlich sein. Entweder wird er Ihnen erklären, dass es das Handy seines Enkels sei, das da eben gepiept hat. Er habe es sich nur für die Zugfahrt geliehen, für alle Fälle. Er selbst habe natürlich gar kein Handy. Oder er wird verstehen, dass es Ihnen nicht um den Ton, sondern ums Handyverbot geht.

Vom Winde verweht
Unwillkommene Entäußerungen des Körpers

Mancher, mit dessen Tischsitten es nicht zum Besten bestellt ist, beruft sich auf Martin Luther, wenn er sich bei der Nachspeise hat gehen lassen. Schon der große Reformator habe gesagt: »Warum rülpset und furzet ihr nicht, hat es euch nicht geschmecket?« Falls Sie mal neben so jemandem sitzen, klären Sie ihn ruhig auf: Dieser Spruch stammt nämlich nicht von Martin Luther, er ist ihm angedichtet worden. Wenn sich der Tischnachbar mit einem belegbaren deftigen Luther-Zitat schmücken will, dann mit diesem: »Wenn ich hier einen Furz lasse, dann riecht man das in Rom.« Ja, der Ausspruch stammt tatsächlich von Martin Luther und nicht von Silvio Berlusconi.

Im übertragenen Sinne mag das mit der Fernwirkung stimmen, im konkreten Fall stinkt der Vorfall höchstens noch den Leuten am Nachbartisch. Was uns zu der Frage führt, welcher Stoff uns eigentlich die Nase rümpfen lässt. Und was wir sonst noch über *Flatus* und *Ructus* wissen. Die beiden sind kein rumänisches Polkaduo, sondern das Ergebnis des Verdauungsprozesses, der, wie jedermann weiß, nicht bewusst gesteuert werden kann. Was dagegen bewusst gesteuert werden kann, ist die Art der Nahrung, die man zu sich nimmt. Wenn Sie vor dem Langstreckenflug nach New York als Vorspeise Zwiebelkuchen mit Krautsalat wählen, beim Hauptgang den Bohneneintopf nehmen und bei Ihrem Begleiter vom Sauerkraut naschen sowie schließlich als Nachtisch Wassermelone genießen: Dann klatschen Rhamnose und Stachyose begeistert in die Hände, und zwar nicht erst zur Landung, wenn alle anderen klatschen. Diese Zuckermoleküle sind nämlich zwei schwer verdauliche Gesellen, die in den aufgezählten Nahrungsmitteln vermehrt vorkommen. Den Dünndarm passieren sie ungeschoren, erst die Bakterien im Dickdarm machen die beiden fertig, bevor sie dann Ihrem Sitznachbarn auf 23 D den Rest geben. »Unterwegs« produzieren sie Stickstoff, Wasserstoff, Methan und diverse Schwefelverbindungen, die ein Fall für eine Warnung im Radio wären. Olfaktorisch ins Gewicht fallen, wenn's knattert, die Substanzen Indol und Skatol sowie Schwefelwasserstoff.

Sie verdauen im Flieger geruchsbetont unter dem Motto: »Alles, was keine Miete zahlt, muss raus.« Die Flugbegleiterinnen erkennen Sie sofort als den Gefährder und werden in den nächsten Stunden einen Bogen um Ihre Sitzreihe machen. Vorteil für Sie, wenn erst mal keine Stewardess mehr vorbeikommt: Sie können kein Mineralwasser bestellen. Kein Bier, keinen Sekt, keine Cola. Sie müssen also nicht auch noch aufstoßen. Denn alle genannten Getränke bieten dem *Ructus* Nahrung: Kohlensäure. Mit etwas Könnerschaft erreicht man auf diese Weise erstaunliche Lautstärken. Mal zum Vergleich: Ein Hubschrauber ist etwa 100 Dezibel laut. Eine Motorsäge so um die 110 Dezibel. Paul Hunn, ein Engländer, hat 118,1 Dezibel geschafft. Mit einem Rülpser. Was muss man gegessen haben, um so zu röhren? Hirschgulasch? Ach ja, die Lärm-Schmerzgrenze des Menschen liegt bei etwa 130 Dezibel. Es ist also noch Luft nach oben.

❱❱ Die Hälfte der Menschen lacht auf Kosten der anderen. ❰❰

Philippe Néricault Destouches (1680–1754), französischer Lustspieldichter

Und die Gerüche erst: Chapeau! Wer schon mal eine Dose Red Bull auf Heringssalat mit Kartoffeln gekippt hat und dann ein Bäuerchen machen konnte, der weiß: Es ist erschreckend, wozu der Mensch alles fähig ist.

Eine passende Stelle, um die US-Schauspielerin Cameron Diaz zu erwähnen: Die Dezibel-Stärke ihres lautesten Rülpsers ist unbekannt. Gesichert ist hingegen die Tatsache, dass sie stolz darauf ist, als Kind im Fernsehen einen Rülps-Wettbewerb gewonnen zu haben. Überhaupt steht die Actrice in Hollywood in dem Ruf, keinen besonderen Wert auf damenhaftes Verhalten zu legen. Sie macht gerne mal ein Bäuerchen oder rülpst ihre siebenstelligen Gagenvorstellungen durchs Telefon. Als Jay Leno sie bei einem Besuch in seiner Show auffordert, es mal so richtig krachen zu lassen, zögert sie nicht. Trinkt ein wenig Diät-Cola durch einen Strohhalm und kommt der Bitte lauthals nach.

Da Sie aber wahrscheinlich kein Interesse daran haben, einen Rülps-Wettkampf zu gewinnen oder wie der Engländer Paul Oldfield – besser bekannt unter seinem Künstlernamen Mr. Methane – mit Kunstfurzen Geld zu verdienen, werden Ihnen *Flatus* und *Ructus* eher unerwünschte Begleiter bleiben. Unerwünscht deshalb, weil Sie diesen körperlichen Vorgängen bisweilen machtlos gegenüberstehen. Oder würden Sie es begrüßen, wenn Sie in Gegenwart der Hochzeitsgesellschaft das Wort an das Brautpaar richten, hinter vorgehaltener Hand dezent ein kleines Aufstoßen unterdrücken wollen, und dann entfährt Ihnen ein Rülpser, auf den – siehe oben – Cameron Diaz neidisch wäre?

Wenn der Wind von achtern bläst

Natürlich ist schon ein *Ructus* für andere Anwesende unerfreulich. Allgemein wird Rülpsen ja als vulgär eingestuft. Aber ein bisschen aufzustoßen ist im Zweifel nicht annähernd so dramatisch wie wenn plötzlich ein ganz anderer Wind weht. Bei lokalem Gasalarm braucht es schon erhebliches Selbstbewusstsein, um nicht die Fassung zu verlieren.

Chelsea Johnson ist ein gutes Beispiel für eine Flatulenz zur Unzeit – und wie man sich retten kann: Die junge Frau war Kandidatin bei *Canadian Idol,* der kanadischen Version von *Deutschland sucht den Superstar*. Sie tritt auf die Bühne, um ihren Song vorzutragen, aber so weit kommt es nicht. Weil sie nämlich ganz plötzlich unüberhörbar pupst. Sie selbst ist davon genauso überrascht wie die Jury und die Zuschauer. Der Schrecksekunde folgt erst ihr leise hingemurmeltes »Ich fasse es nicht! Ich habe eben gepupst!« Dann bricht die Jury in schallendes Gelächter aus. Bei uns gäbe es das nicht, weil jeder erst mal Bohlen angucken würde, weil man denkt, er hätte was gesagt. Und wie befreit sich die arme Chelsea aus dieser prekären Situation? Sie lacht die Jury an, immer noch baff über ihr Missgeschick, und wiederholt das Ungeheuerliche laut: »Ich habe gerade gepupst!« Jetzt muss man ihr einfach verzeihen!

Wenn Sie also mal, gemeinsam mit einer Flatulenz, bei *Deutschland sucht den Superstar* auftreten, dann wissen Sie jetzt, was Sie tun können. Ihr größter anzunehmender Unfall spielt sich aber vermutlich eher nicht vor Fernsehkameras ab, sondern in der Firma. Sie lauschen Ihrem Abteilungsleiter, wie er in großer

Runde ein neues Projekt vorstellt. Ein sehr wichtiges Projekt, denn es hängt eine ganze Reihe von Arbeitsplätzen von seinem Gelingen ab. Als der Chef von »Ausland« spricht, fällt Ihnen der Mexikaner ein, bei dem Sie heute zum Mittagessen waren. Und dabei bemerken Sie, dass Ihr Magen unerfreulich grummelt. Und jetzt hören Sie Ihren Chef von irgendeiner »befreienden Wirkung« reden, die eine »Trennung im Guten« letztlich haben könne. Ihre einzige Konzentration gilt aber schon seit Minuten Ihrer Verdauung. Der Chef ist fast fertig: »Ich danke Ihnen, gibt's noch Fragen?« Keine Fragen. Dafür ein ungeheuerliches Geräusch. Und alle wissen sofort, woher der Wind weht.

Im Meeting geben Sie deutlich hörbar dem Grollen in Ihrem Bauch nach. Was tun Sie für die Klimarettung?

⇨ Sie tun so, als wäre nichts gewesen. Ihr Gesichtsausdruck signalisiert: Ist irgendwas? Warum starren Sie mich an? Sie sagen kein Wort, sondern blicken wieder in Richtung Abteilungsleiter – schließlich hatte er als Letzter das Wort.
Wenn Sie das schaffen, ohne dabei rot zu werden, dann könnte es klappen. Niemand wird auf die Idee kommen und Sie fragen, ob Sie das gerade waren mit dem verdächtigen Geräusch. Falls Sie doch ein rotes Gesicht bekommen, machen Sie sich schnell in die Hose, dann gucken alle woanders hin.

⇨ Sie blicken so leidend, wie Sie können, in die Runde: »Entschuldigen Sie mich bitte kurz.« Sie erheben sich, eine Hand flach auf den Magen gepresst, und entschwinden auf die Toilette, bis die Luft aus Ihrer Sicht wieder rein ist.
Das ist zwar ein bisschen getrickst, aber absolut in Ordnung. Sie entkommen der angespannten Situation und deuten gleichzeitig eine plausible Erklärung dafür an, wie Ihnen das passieren konnte.

⇨ Sie riskieren einen frechen Spruch: »Hoppala – das war lauter als ich dachte!« Oder auch: »Jemand verletzt? Nein? Gott sei Dank!« Dann schieben Sie eine kurze Entschuldigung hinterher, um dem Spruch die Spitze zu nehmen: »Im Ernst, tut mir leid, ist mir so rausgerutscht – können wir jetzt weitermachen?«
Schlagfertig. Cool. Damit werden Sie einige Lacher ernten. Aber rechnen Sie auch mit Kopfschütteln. Ein lockerer Spruch ist nicht in jeder Situation die beste Lösung. Je besser Sie sich mit den Kollegen verstehen, desto eher können Sie etwas riskieren.

Feind hört mit
Ungehöriges
und Unerhörtes

Kinder erfrischen uns immer wieder mit herrlich direkten Fragen und überraschen uns mit unverblümten Antworten. Das musste auch Katie Holmes erfahren, als sie in einem Café in Beverly Hills mit Töchterchen Suri an der Hand einen alten Bekannten ihres Ehemanns Tom Cruise traf. Plötzlich drehte sich die Kleine zur Seite und vergrub ihr Gesicht in Mamas Schoß. Katie fand das nicht sehr lustig, wie Fotografen berichteten, und fragte: »Suri, was ist denn?« Suri: »Der Mann ist blöd.« Der Star entsetzt: »Blöd?« Suri: »Hast du immer gesagt.« Wie der Bekannte reagiert hat, ist nicht überliefert. Katie hat sich vermutlich bei ihm entschuldigt. Doch der wird – wie wir alle – das Sprichwort kennen: Kindermund tut Wahrheit kund. Hoffen wir mal, dass er Humor hat.
Was aber, wenn Kinder über 40 eine unbedachte Bemerkung tun? Stellen Sie sich ein Symphonieorchester vor, das Joseph Haydns *Schöpfung* mit einem neuen Dirigenten einstudiert. Am Ende einer Pause wendet sich die Zweite Geige zu einem Cellisten um, sagt süffisant: »Der Neue hat vorhin gar nicht gemerkt,

dass wir unseren Einsatz verpasst haben.« Sir Simon Rattle, der Neue, steht aber schon am Pult, und er hat gute, sehr gute Ohren. Er hat jedes Wort gehört. Ein peinlicher Ausrutscher! Sir Simon wird's verschmerzen. Aber ob die Zweite Geige noch mal zu einem guten Einsatz kommt, darf bezweifelt werden.

Okay, das Leben ist keine Konzerthalle. Aber stellen Sie sich vor, etwas Ähnliches passiert Ihnen im Büro. Oder im Golfclub. Sie haben ein Turnier in einem Vierer-Flight gespielt und bemerken einem Ihrer Mitspieler gegenüber: »Frau Sowieso hat uns mit ihren schlechten Abschlägen heute die Runde versaut.« Aber Frau Sowieso steht hinter Ihnen und hört jedes Wort. Und mit ihr alle Umstehenden. Nun haben Sie ein Problem. Mit Frau Sowieso sowieso, aber vermutlich auch mit dem halben Golfclub. Jeder wird sagen: Sowas sagt man nicht, selbst wenn es wahr ist. Man darf es zwar denken. Aber man muss es für sich behalten. Und wenn man es doch ausspricht, muss man sicher sein, dass es nicht nach außen dringt. Das gehört – nicht nur beim Golf – zu den Regeln des rücksichtsvollen Umgangs miteinander. Etikette eben, derer sich jeder befleißigen sollte, schon deshalb, weil er auch selbst von ihr profitiert. Es könnte ja sein, dass einer der besseren Mitspieler Ihnen nach dem nächsten Turnier vorhält, Sie hätten auch schon mal sicherer eingelocht als heute.

Wenn die Wahrheit allzu wahr ist

Die Wahrheit zu erkennen, ist Sache der Philosophen. Mit der Wahrheit richtig umzugehen, ist eine Sache, die jeder beherrschen muss – auch wenn es sich um banale Wahrheiten handelt. Oft ist der Umgang mit der Wahrheit sogar schwieriger als deren Erkenntnis. Als Erwachsener weiß man zum Beispiel, dass man nicht einfach wildfremde Leute auf der Straße anspricht, um ihnen zu sagen, dass sie hässlich sind. Eine derartige Äußerung ist zwar kein Tatbestand nach dem Strafgesetzbuch. Aber es gehört sich nicht, so zu reden, selbst wenn es wahr ist. Kinder beherrschen den Umgang mit der Wahrheit noch nicht immer – siehe Suri, Katie Holmes' Töchterchen.

Aber jede Fünfzehnjährige weiß zu unterscheiden zwischen einer Wahrheit, die ausgesprochen werden darf oder sogar muss, und einer Wahrheit, die man besser für sich behält. Entscheidet man sich, eine unangenehme Wahrheit auszusprechen, sollte man es mit Bedacht tun. Das heißt in der richtigen Situation, mit den richtigen Worten und nicht vor falschen Ohren. Jugendliche sind in diesem Punkt extrem empfindlich. In der eigenen Clique zu verbreiten, dass der neue Typ von Myriam den Ring am falschen Ohr trage und deshalb vermutlich schwul sei, ist unbedacht. Und dumm obendrein. Es könnte sein, dass die mit dem Lästermaul, die dieses Gerücht streut, bald von Myriam erfährt, was sie eigentlich gar nicht hören wollte: dass sie mit einem Gesicht wie dem ihren unbedingt zum Casting gehen sollte, weil die *Rocky Horror Picture Show* wieder in der Stadt gastiert.

Jugendliche können ätzend sein. Das respektlose verbale Zurückschlagen hat aber nicht unbedingt mit einem Mangel an Kultur, schon gar nicht an christlicher Nächstenliebe zu tun. Rücksicht und Zusammenhalt sind in Jugendcliquen mit ihren starken emotionalen Verflechtungen ein hohes Gut, wenn auch nicht aus religiösen Gründen. Mehr sogar als in der Welt der Erwachsenen. Vielleicht sollten die Religionen ihre Ver- und Gebote mal auffrischen und an die heutigen Verhältnisse anpassen. Das Achte Gebot lautet zum Beispiel, man solle nicht falsch Zeugnis reden wider seinen Nächsten, also nicht lügen. So hat es Gott verfügt, als er Moses am Berge Sinai erschien. Hätte Gott von der Plauder- und Klatschsucht gewusst, die sich in der von ihm geschaffenen Welt ausbreiten sollten, hätte er das Achte Gebot sicher erweitert, und zwar dahingehend, dass man nicht nur nicht falsch, sondern – bitteschön – auch nicht schlecht Zeugnis über andere geben solle. Das würde vielleicht den Mitteilungsdrang einiger bremsen, die Lust am Lästern und Schlechtmachen etwas dämpfen.

Und George W. Bush würde der Mund gestopft. Als der ehemalige US-Präsident am amerikanischen Tag der Arbeit auf einer Kundgebung im Bundesstaat Illinois einmal den Korrespondenten der liberalen *New York Times* im Publikum erblickte, raunte er seinem Vize Dick Cheney zu: »Da ist dieses Riesenarschloch von der *New York Times*«. Cheney antwortete: »Oh ja, das ist er, und was für eins!« Beiden war entgangen, dass die Mikrofone bereits offen waren und die gesamte Nation Zeuge des pikanten Dialogs wurde. Für so einen Fauxpas wäre ihm eine Strafe von höherer Instanz gewiss. Die Kritik von weltlichen Zeitungen und Fernsehstationen perlte bekanntlich an ihm ab.

Auch wenn Sie nicht Millionen Zuschauer haben: Stellen Sie sich vor, Sie würden vor Ihren Kollegen und Kolleginnen in der Firma über den Teamleiter herziehen, der Ihnen häufig Überstunden abverlangt und vor der Geschäftsleitung Ihre Leistung als seinen Erfolg darstellt. Dabei belegen Sie ihn unvorsichtigerweise auch noch mit seinem unschmeichelhaften Spitznamen.

 Wer **Anstoß geben** will,

muss auch **Anstoß erregen** können.

Gustav Heinemann (1899–1976), ehemaliger Bundespräsident

Sie schimpfen über Ihren Chef. Plötzlich ist er da und fragt: »Soll ich lieber rausgehen oder sind Sie fertig?«

⇨ Sie tun einfach so, als wäre gar nicht er gemeint gewesen.
Schwach angefangen, stark nachgelassen! Sollten die Kollegen bisher auf Ihrer Seite gewesen sein, werden sie Sie nach diesem Schwanzeinkneifen mit Sicherheit fallen lassen. Nun zieht sich die Schlinge um Ihren Hals noch schneller zu.

⇨ Sie entschuldigen sich für die flapsige Ansprache, betonen aber, dass Sie in der Sache zum Gesagten stehen. Danach bitten Sie Ihren Teamleiter, das Thema auf die Agenda der nächsten Teamsitzung zu setzen.
Klassische Vorwärtsverteidigung, zweifellos mutig. Vielleicht überraschen Sie den Chef mit Ihrem Vorstoß. Vielleicht überrumpeln Sie ihn sogar damit. Wenn Sie ganz mutig sind, können Sie hinzufügen: »Aber bitte die nächste Sitzung nicht auf den Samstag legen.« Ihre Argumente auf der Sitzung sollten dann aber so beeindruckend sein wie Ihr Versuch, mit einer schnellen Reaktion den Kopf aus der Schlinge zu ziehen. Zu wünschen wäre Ihnen auch, dass Sie die Kollegen und Kolleginnen auf Ihrer Seite haben.

⇨ Sie rufen Ihren Pressesprecher an und fragen, was Sie tun sollen.
Prima. Das hat auch Prinz Charles gemacht, als er 2005 in dem Skiort Klosters über Fernsehteams lästerte, die Prinz William und Prinz Harry auf Schritt und Tritt verfolgten. Leider war ein Richtmikrofon eingeschaltet. Charles' Pressesprecherin entschuldigte später die Ausfälle des Monarchen mit dem Hinweis auf die schlechte Laune, die ihn beim Blättern in den Morgenzeitungen überkommen habe. Eine geniale Antwort, die auch Sie oder Ihr Pressesprecher geben könnten: Lassen Sie Ihren Teamleiter wissen, dass Sie heute schlechte Laune haben und dass dieselbe bei der Durchsicht des neuen Dienstplans aufgekommen ist.

⇨ Sie entschuldigen sich für gar nichts. Sie sagen nur zum Teamleiter: »Es tut mir leid, dass Sie alles mit anhören mussten.«
Kann sein, dass Sie jetzt rausfliegen. Wegen Störung des Betriebsfriedens. Aber keine Sorge, Sie können woanders Karriere machen. In der Politik zum Beispiel. Ob sie Unsinn reden und sich danebenbenehmen – Politiker nehmen kaum was zurück. George W. Bush zum Beispiel. Sein Urteil über den Journalisten von der *New York Times* nehme er nicht zurück, sagte er nach der Mikrofon-Panne vor der Presse. Er bedaure nur, dass jeder hören konnte, was er gesagt hatte.

Auf Tuchfühlung

Von Eitelkeiten und Ängsten

Kleider machen Laune – manchmal leider auch schlechte.
Wir wähnen uns als Königin der Nacht und enden einen
Moment später als Aschenputtel. Trotzdem können wir auch
in brenzligen Situationen eine gute Figur abgeben.

Von der Qual der Kleiderwahl

Wenn mehr weniger ist

Fasching nervt – finden Sie. Das verrät zwei grundlegende Sachverhalte über Sie: Erstens kommen Sie nicht aus Köln oder Mainz. Und zweitens sind Mottopartys nicht gerade Ihr Ding. Als Kind hatten Sie's einfach: Pippi Langstrumpf geht immer. Aber heute? Immer dieselbe Frage: Was mag wohl zu *diesem* Motto passen? Sie wissen, was ich meine. Das Klassentreffen ist nicht mehr nur ein nettes Wiedersehen: Die Langweiler aus der ersten Bank laden dieses Jahr zum »James-Bond-Empfang« oder zur »Moskau-Party«, weil dort der *Eurovision Song Contest* stattfindet; die neuen Nachbarn feiern nicht bloß eine Einweihungsfete, die sich gewaschen hat, nein, auf der Einladung zum Housewarming steht »Kreuzberger Nächte«. Und Sie haben nicht die geringste Ahnung, was man so anzieht, wenn in Kreuzberg die Nächte lang sind. Könnte das Cocktailkleid sein. Oder aber eine Jeans. Kreuzberg ist bekanntlich bunt. Sie entscheiden sich also sicherheitshalber für das Cocktailkleid, klingeln vergnügt beim Gastgeber und müssen feststellen: Die Gäste sehen ja aus wie frisch vom Schlussverkauf – um die Hälfte billiger gekauft. Habe *ich* das Motto falsch verstanden – oder die? Wie einfach hätte man es jetzt als Mann: Schlips lockern, Hemd aus der Hose – schon geht jeder Typ als AC/DC-Fan durch. Aber Sie? Sie halten es mit Oscar Wilde: »Ich habe einen ganz einfachen Geschmack. Von allem einfach immer nur das Beste.« In diesem Fall ist das Beste aber zu viel: total overdressed.

Sie erscheinen overdressed zur Party. Und jetzt?

⇨ Sie entschuldigen sich beim Gastgeber und erklären, gleich wiederzukommen, diesmal aber in adäquaten Klamotten; mit dem Hinweis, Sie hätten die Einladung wohl nicht so ganz verstanden.
Bloß nicht! So machen Sie sich lächerlich, da Sie offenbar nicht einmal eine Einladung unfallfrei lesen können. Oder, noch schlimmer: Der Gastgeber bekommt den Eindruck, seine Einladung sei missverständlich formuliert. Jetzt macht er sich Vorwürfe, weil er Ihnen den Abend verdorben hat. Oder, am allerschlimmsten: beides zusammen.

⇨ Sie gehen schnurstracks auf die Toilette – und dann nix wie runter mit dem edlen Schmuck. Idealerweise bringen Sie Ihr frisch geföhntes Haar noch gekonnt in Unordnung und ziehen die bequemen Schuhe an, die Sie immer im Auto dabeihaben – als Ersatz, weil Ihnen normalerweise nach spätestens zwei Stunden auf jeder Party die Füße schmerzen in diesen hochhackigen Dingern, die Sie jetzt noch tragen.
Warum nicht? Das setzt allerdings diverse Accessoires voraus, die Sie schadlos ablegen, verändern oder umarrangieren können. Denn Sie wollen ja nicht – overdressed wie Sie nun mal sind – gerade Ihre besten Kleidungsstücke einer Radikalkur mit der Nagelschere unterziehen, nur weil Sie sich sonst kleidungstechnisch der Situation nicht gewachsen fühlen.

⇨ Sie machen einfach gar nichts. Sie ignorieren die schrägen Blicke. Und machen ansonsten das, was man auf jeder guten Party machen sollte: sich amüsieren! Respekt! Sie haben Stil und Selbstbewusstsein! Es gehört Mut dazu, sich in offensichtlich unpassender Garderobe noch wohl in seiner Haut zu fühlen und Spaß dabei zu haben! Sollte trotzdem jemand die Traute haben, Sie auf Ihre unpassende Kleiderwahl anzusprechen, dann gehen Sie in die Offensive! Ist schließlich ein 1a-Small-Talk-Thema: »Ist Ihnen das auch schon mal passiert?«

Alles hat seine Ordnung

Dresscodes erleichtern die Wahl des Outfits. Kleiderordnungen stecken den Rahmen ab, in dem Sie sich bewegen können, was Individualität nicht ausschließt. Man sollte dem Wunsch des Gastgebers nach einem gewissen Gesamtbild entsprechen. Sich diesem anzupassen, wird als Respektbekundung verstanden. Hinweise in Einladungsschreiben wie »Dunkler Anzug« oder »Frack/Smoking« beziehen sich übrigens immer auf die Kleidung des Herrn, weil die Frauen ohnehin wissen, was von ihnen erwartet wird. Tatsächlich? Hier ein kleiner Überblick.

Business Casual

Klingt etwas nach individuellem Freizeitlook, ist es aber nicht. Schlabbershirt, löchrige Jeans und Sneakers sind nicht gemeint, sondern nur der Verzicht auf Anzug und Krawatte. Also gehobene Freizeitkleidung. Casual heißt nicht, dass Frauen, die sich gern sexy oder figurbetont kleiden, nun die Hüllen fallen lassen dürfen.

Smart Casual

Häufig bei Events direkt nach der Arbeit, die ein Umziehen zu Hause ausschließen. Also Empfänge, Vorträge, Geschäftsessen. Gepflegt, gesellschaftsfähig, aber lässig.

Cocktail

Die durchaus elegante Party oder Vernissage ab 16 Uhr, die kein Abendessen bietet. Frauen, die auf Nummer sicher gehen wollen, trugen zu solchen Anlässen bislang das klassische Kleine Schwarze, was auch immer noch schön und richtig ist. Heutzutage sind Cocktailpartys deutlich entspannter als noch vor wenigen Jahren. Kleider dürfen kürzer und knapper sitzen, Männer können Jeans mit Jackett kombinieren, Krawatten sind beim Cocktail seltener zu sehen.

Cut (Morning Suit)

Spätestens seit dem Film *Vier Hochzeiten und ein Todesfall* zählt es zur Allgemeinbildung, dass ein echter Gentleman (Bräutigam oder Hochzeitsgast) zur kirchlichen Trauung im Cutaway oder Stresemann erscheint. Daher findet sich dieser Begriff oft auf Einladungen zur Hochzeit oder zum festlichen Empfang von morgens bis etwa 16 Uhr. Der männliche Cut ist ein hell- oder silbergraues Schoßsakko mit durchlaufend geschwungener Vorderkante (Cut), dazu gehören Streifenhose ohne Umschlag, weißes Kragenhemd, Weste und Krawatte. Der Anteil an

Bräutigamen, die sich in Deutschland im Cutaway trauen lassen, ist allerdings heute verschwindend gering. Wer als Gast den festlichsten aller Tagesanzüge auf einer Hochzeit trägt, die nicht von sämtlichen Boulevardmedien begleitet wird, könnte den Bräutigam ausstechen und als eitler Pfau gelten. Daher gehen auch Anzug und Krawatte zum hellen Hemd. Für Damen empfiehlt sich ein Kostüm oder Etuikleid mit langärmeliger Jacke, dazu hohe Schuhe.

Black Tie (Dinner Jackett, Tuxedo) oder Smoking

Bei Abendanlässen wie Opernpremiere, Silvestergala oder Dinner. *Er* kann dann seinen schwarzen Smoking ausführen. Dazu gehören Hemd mit verstärktem Kragen und Doppelmanschetten, Kummerbund oder schwarze Weste und Einstecktuch, schwarze Schleife, schwarze Schuhe. Lässt sich auch alles bei Verleihern besorgen. Es gibt auch mitternachtsblaue oder dunkelgrüne Varianten. Klassiker ist nach wie vor der James-Bond-(Brioni-)Smoking. Damen haben's leichter: Klassisch ist der Auftritt im langen, festlichen Abendkleid, doch auch ein knielanges Cocktailkleid ist okay, wenn es schöne Beine zeigt. Überholt ist übrigens die komische Etiketteregel, dass Frauen zum Abendkleid keine Uhr tragen dürfen. Akzeptabel ist netterweise mittlerweile auch ein Damen-Smoking, sehr chic für den eher sportlichen Frauentyp. Wiederum süß und sexy mit viel Spitze darunter und High Heels. Besonders hübsch dazu sind Sandaletten und auffällige Accessoires wie Halsschmuck und feminine Ohrringe plus Abendtäschchen oder Clutch.

White Tie (Cravate Blanche)

Für hochoffizielle Abendanlässe und (Opern-)Bälle. *Er* trägt dabei Frack und Frackhose, weiße Weste mit tiefem Ausschnitt, Stehkragenhemd mit umgebogenen Ecken und verdeckter Knopfleiste, weiße Fliege und Lackschuhe. Pendant dazu ist das bodenlange Kleid plus Bolero oder Stola, edler Schmuck und hohe Sandalen.

Hochzeit

Meistens gilt: Je größer die Anzahl der Gäste, desto festlicher der Rahmen, also auch die Kleidung. Männer: siehe Cut. Frauen: Die Braut ist die Königin, und niemand darf ihr die Show stehlen. Die Farbe Weiß ist also tabu. Unscheinbarkeit galt lange vielerorts als Muss. Die vor einigen Jahren zahlreichen Eheschließungen in den Königshäusern läuteten mit den Hochzeitsglocken die Wende ein: Extravaganz ist kein Etikettebruch mehr. Selbst der britische Hochadel auf der Hochzeit von Prinz Charles und Camilla kleidete sich farbenprächtig und auffällig wie nie zuvor. Die einzige Stilvorschrift heißt: Eleganz!

Ein Zwilling kommt selten allein
Das Streben nach Einzigartigkeit

Mit schönen Kleidern ist es wie mit gutem Wein – man kann nicht genug davon haben. Problem nur: Für dieses todschicke bodenlange Kleid mit dem tiefen Rückendekolletee in Bordeauxrot von diesem sehr angesagten Label, das Sie wirklich gerne hätten, müssen Sie ziemlich tief in die Tasche greifen; was aber bei diesem Bordeaux, den Ihr Mann in der Weinhandlung kaufen will, auch nicht anders ist. Also warum nicht zugreifen? Schließlich steht ein festlicher Empfang an, und dort wollen Sie eine gute Figur machen. Und außerdem geben Sie ja nicht dauernd Geld für teure Fummel aus. Ihr Motto lautet: Klasse statt Masse. Statt dreimal *H&M* lieber einmal Designerboutique. Denn Sie möchten ja nicht so 08/15-Zeugs haben, um dann plötzlich auf der Party festzustellen, dass die Dame da schräg hinten, die sich am Büfett gerade über die Garnelenspießchen hermacht ... – das wird doch nicht dasselbe todschicke bodenlange Kleid mit dem tiefen ...? Ja ist es denn zu glauben? Dabei haben Sie doch alles richtig gemacht! Und trotzdem ist es passiert.

Die gleiche Party, das gleiche Kleid – nur leider an einer anderen Frau. Was nun?

⇨ Sie sind höchst erregt und zutiefst enttäuscht. So viel Geld ausgegeben – und jetzt das. Sie beschließen, sofort nach Hause zu gehen.
Das ist sehr albern und dürfte den Gastgeber enttäuschen. Er möchte doch mit Ihnen feiern! Und das müsste Ihnen mehr am Herzen liegen als die Tatsache, dass eine andere Frau das gleiche Kleid trägt. Außerdem: Sie können das Kleid ja eh nicht mehr umtauschen oder zurückgeben. Also bleiben Sie auf jeden Fall auf der Party, auch wenn Sie sich ärgern.

➪ Sie finden, die andere sieht in dem Kleid zwei Klassen schlechter aus als Sie selbst. Deshalb ist es Ihnen doppelt peinlich, im gleichen Kleid gesehen und womöglich darauf angesprochen zu werden. Also ziehen Sie Ihr (natürlich ebenfalls todschickes) Jäckchen drüber, damit es nicht mehr so auffällt.
Mal Hand aufs Herz: Sieht Ihr Kleid zusammen mit dem Jäckchen auch nur halb so gut aus wie ohne? Sehen Sie. Ebenfalls albern. Eine Lösung bestenfalls dann, wenn die Veranstaltung draußen stattfindet und Ihnen sowieso kalt ist.

➪ Erst einmal die Lage checken: Es sind viele Leute da. Wer kann sich da schon merken, wer was trägt? Und welcher Mann kann sich das schon merken? Und falls doch – wen kümmert's? Ihr Entschluss: Einfach dableiben – nur jetzt keinesfalls Spießchen holen! Und überhaupt: Die Dame mit dem (bei ihr lange nicht so gut aussehenden) Kleid immer fest im Blick haben, jederzeit Abstand halten und, falls es zum Schlimmsten kommt, einem Gruppenbild, entweder Blasenschwäche vortäuschen: »Komme sofort – ich muss mich nur kurz frisch machen!«, oder halt irgendwo hinten verstecken, damit es nicht auffällt.
Eine brauchbare Idee. Zeugt von Pragmatismus und gesundem Selbstbewusstsein. Warum sich eine Party versauen lassen von jemandem, den man nicht mal kennt, nur wegen eines (wenn auch echt teuren) Kleides? Kann aber auf Dauer etwas lästig werden mit dem Versteckspiel, vor allem, weil Sie auf den leckeren Schampus verzichten müssen, damit Sie im berauschten Zustand nicht *das Kleid* aus den Augen verlieren.

➪ Da ist also eine mit dem gleichen Kleid. Gratulation! Offenbar jemand mit gutem Geschmack! Super! Naja, das vielleicht nicht gerade, denn Sie wollten ja einzigartig sein. Aber Ihnen fällt der gute alte Bert Brecht ein: »Die Umstände, sie sind nicht so.« Also machen Sie das Beste draus, holen sich auch Spießchen und sprechen *das Kleid* an. Wenn schon Doppeltes Lottchen – dann sollen's alle sehen! Champagner zum Anstoßen – also so ein Zufall!
Das ist souverän! Sie haben ausreichend Selbstbewusstsein, um sich elegant aus der Affäre zu ziehen. Bei den Gästen werden Sie mit dieser Aktion einigen Respekt ernten – vor allem bei den Männern. Die mögen es nämlich nicht, wenn gleich Zickenalarm ist, nur weil jemand im selben Raum zufälligerweise das gleiche Kleid hat (dem es eigentlich auch ganz gut steht). Und falls Sie schon einen Partner haben – die Vorteile liegen trotzdem auf der Hand: Im Idealfall haben Sie eine neue Freundin mit zumindest gutem Geschmack bei der Kleiderwahl – oder Sie finden beim Smalltalk wenigstens heraus, dass Madame für das gleiche Kleid knapp 100 Euro mehr bezahlt hat.

Absatz-Einbruch
Wenn Frauen stöckeln

Laufen hat etwas Magisches. Wie faszinierend war das, als Neil Armstrong den Mond betrat! Wie wundervoll der Moment, als Ihr Kind seine ersten Schritte schaffte. Und wie groß Ihr Stolz, als Sie zum ersten Mal unfallfrei mit den herrlichen Peeptoes von Christian Louboutin aus waren. Der Weg zu solcher Magie ist steinig. Jede Frau weiß: High Heels sollten waffenscheinpflichtig sein. Von Pumps zur Pumpgun ist es nicht weit, was die Brisanz angeht. Weil frau erst mal lernen muss, darin zu gehen. Diese Versuche erinnern an Zoo-Dokus am Nachmittag, wenn Giraffenbabys nach der Geburt versuchen, auf den Beinen zu bleiben, oder aus Boulevardmagazinen, wenn Amy Winehouse morgens versucht, nach Hause zu kommen. Der erwähnte Schuhdesigner Christian Louboutin sagt: »High Heels können eine Frau künstlich größer machen, aber gehen muss sie immer noch selbst.« Und genau darin liegt die Schwierigkeit. Männer haben dafür kein Verständnis. Sie finden High Heels sexy, verschwenden aber keinen Gedanken, wie schwer es ist, darin tatsächlich sexy auszusehen.

Selbst Victoria Beckham, die bei jeder Gelegenheit Stilettos trägt, kommt mitunter ins Trudeln. Einer ihrer Auftritte hat sogar eine Diskussion ausgelöst, ob High Heels nicht erstens krank machen und zweitens für eine Hausfrau und Mutter ungeeignet sind: Mrs. Beckham war mit ihren Söhnen zu Besuch in einem Freizeitpark – ein Platz, so groß wie Beckhams Wohnzimmer, und zwar in 14-Zentimeter-Designer-High-Heels. Bei dieser Höhe könnte ihr Mann David ihr im Stehen die Kniescheibe küssen. Weil ihre Füße nahezu senkrecht in den Schuhen standen, blickten die Zehen vorne mehr als erwünscht aus den Peeptoes heraus, und an der Ferse entstand eine Lücke. Der unbefangene Betrachter bekam so den Eindruck, das Ex-Spice-Girl trage viel zu große Schuhe.

Sexy Folterinstrumente

Mit High Heels laufen Sie nicht nur Gefahr, eine lächerliche Figur abzugeben, scharfe Designerware kostet auch noch ein Vermögen und schadet Ihren Füßen. Wenn Sie ein Paar Manolo Blahniks für unter 500 Euro sehen, greifen Sie natürlich trotzdem zu. Und wenn Sie die Dinger nur kaufen, um damit Dübel in die Wand zu hauen oder den Rasen zu vertikutieren. Sarah Jessica Parker, Jennifer Aniston und Madonna lassen sich ja auch nicht davon abschrecken, dass es für den Körper eine Zumutung ist, mit Hacken von zehn Zentimetern und mehr herumzuwackeln. Ob Schnäppchen für 100 Euro oder Jojo Strass (Manolo Blahnik) für fast 1800 Euro – hochhackige Pumps leisten so oder so den unterschiedlichsten orthopädischen und gefäßbezogenen Krankheiten Vorschub.
Eigentlich gehört der Erfinder der High Heels vor den Internationalen Gerichtshof in Den Haag. Aber Sie ziehen sie an. Weil Sie toll aussehen in diesen Schuhen! Weil Sie es genießen, wenn Ihnen die Männer zu Füßen liegen. Bei Stilettos finden auch Männer Mode spannend. Kein Wunder, denn sie verkörpern mehr Leidenschaft als jedes andere modische Accessoire.
Schuhe fallen einfach auf. Wissen Sie noch, was für Schuhe Joschka Fischer zu seinem Anzug trug, als er 1985 im Hessischen Landtag als Umweltminister vereidigt wurde? Richtig: Turnschuhe. Und was legte der sowjetische Staatschef Nikita Chruschtschow auf der 15. UNO-Vollversammlung 1960 neben sich aufs Rednerpult? Genau: seinen rechten Schuh. Und womit gab ein irakischer Journalist bei einer Pressekonferenz in Bagdad dem damaligen US-Präsidenten George W. Bush 2008 zu verstehen, was er von ihm und seiner Politik hält? Korrekt: Er warf seine Schuhe auf ihn; erst den einen, dann den anderen. Schuhe lösen Skandale aus, an die man sich noch Jahrzehnte später erinnert. Zuletzt traf es Frankreichs Staatschef Nicolas Sarkozy, der wegen seiner Schuhe verspottet

wurde. Sarkozy, nicht eben hochgewachsen, erscheint bei der Queen mit hohen Absätzen, während seine hochgewachsene Frau Carla Bruni mit flachen Ballerinas antritt. Ein Boulevardblatt bezeichnet Sarkozy als »pint sized«. Der Staatschef hat also Bierglas-Größe. Berlusconi würde das nicht scheren, der würde in Flip-Flops von der Poolparty zur Pressekonferenz kommen.

Stellen Sie sich mal einen Mann in High Heels vor. Wie weit würde er kommen? Zwei Schritte? Fünf? Wie elegant und sicher bewegen sich dagegen viele Frauen! Natürlich nur mit Übung. Dann aber bringen Frauen Höchstleistungen: Es gibt sogar Stiletto-Wettrennen. Und damit ist nicht der Schlussverkauf am Schuhwühltisch gemeint. Teilnehmen dürfen wagemutige Frauen, deren Wettkampf-Stilettos mindestens sieben Zentimeter hohe und höchstens 1,5 Zentimeter breite Absätze haben: der Große Preis vom Haxenheimring. Mit Thrombose-Schikane, Achilleskurve und dem Schlussspurt durch den Kreuzbandtunnel. Optimal zum Beinebrechen. Die Distanz ist 100 Meter, der Teufel arbeitet aber bereits an einem Marathon. Eine 24-jährige Berlinerin ist die 100 Meter 2008 in 14,7 Sekunden gelaufen. Da gibt's Männer, die brauchen in Turnschuhen länger.

Ihnen liegt nichts daran, auf dem Weg von der U-Bahn ins Theater genauso schnell zu sein wie Ihr Begleiter. Im Gegenteil: Er sollte begreifen, dass Sie in High Heels nur kleine Schritte machen können und er daher gefälligst nicht so rennen soll. Vielleicht aber hat ein Mann die High Heels nur erfunden, damit man als Kerl selbst betrunken noch vor einer Frau flüchten kann.

Vorteilhafte Teile mit Nachteilen

High Heels machen Sie also sexy und elegant, haben aber sonst nur Nachteile. Vom größten Nachteil war noch gar nicht die Rede: Stellen Sie sich vor, Sie stöckeln gekonnt übers Pflaster, und Ihnen bricht ein Absatz ab. Der Erste, der das sieht, sagt sofort: »Mensch, der ist ja der Absatz abgebrochen!«

Oder noch schlimmer: Nehmen wir mal an, Sie lassen sich von diesem charmanten Mann, der im Flieger von Frankfurt nach München neben Ihnen saß, in die Oper einladen. *Tosca* wird gegeben. Sie wissen: Mit dem knielangen Neckholder und den High Heels von Jimmy Choo wickeln Sie jeden Mann um den Finger. Sie sind etwas früher da als verabredet, stehen nun auf der Treppe und halten Ausschau. Da kommt er ja, der Verehrer, jetzt bloß keinen Fehltritt! Aber Sie sind ohne Sorge; das Laufen können Sie längst. Worauf Sie leider nicht gefasst sind: Auf der vorletzten Stufe knickt der rechte Absatz wie ein Streichholz um. Sie geraten ins Taumeln und sehen gar nicht mehr so elegant und sexy aus. Sie schaffen es, ins Gleichgewicht zu kommen und stehenzubleiben. Aber ein Schuh ist hin.

Beim Date bricht Ihnen zur Begrüßung ein Absatz ab. Wie kommen Sie jetzt wieder auf die Beine?

➪ Sie entschuldigen sich kurz für Ihren Auftritt und erklären dem verdutzten Mann, was los war. Dann ziehen Sie beide Schuhe aus, stecken sie in die Handtasche und reichen Ihrem Begleiter den Arm: »Ich bin so weit – wir können.«
Tadellos! Dem Ambiente angemessen unauffällig reagiert, kein großes Aufsehen erregt und ganz nebenbei einem Mann demonstriert, dass Frauen gar nicht so kompliziert sind, wie sie immer denken. In der Pause können Sie sich dann überlegen, wie Sie zur U-Bahn kommen. Wahrscheinlich wird Ihr Begleiter Sie aber sowieso mit dem Taxi nach Hause bringen.

➪ Sie regen sich auf. Machen eine Riesenszene – mit jeder Menge »Du meine Güte!« und »Um Gottes Willen!« und »So teuer, und jetzt das!« Dann machen Sie auf dem (verbliebenen) Absatz kehrt und entschwinden auf die Toilette. Wo Sie, weil Sie gut vorbereitet sind, den Sekundenkleber aus der Handtasche zaubern und das Malheur beheben. Zumindest provisorisch.
Lassen Sie das Fluchen weg, dann wird ein Schuh daraus. Ihr Date wird Ihre Weitsicht bewundern und Ihnen nicht mehr von der Seite weichen. Falls der Absatz wieder abfällt, kann er Sie ritterlich stützen. Männer lieben es, hilflose Frauen zu beschützen.

➪ Kaum haben Sie sich gefangen, ziehen Sie den intakten Schuh aus, brechen ebenfalls den Absatz ab und erklären dem staunenden Mann beim Anziehen des nun ebenfalls defekten Schuhs: »Ich bin ein großer Fan von Kate Moss. Als alle Models Stilettos anhatten, trug sie Mokassins. Immer gegen den Strom. Eine echte Stil-Ikone.«
Das ist vielleicht ein bisschen dick aufgetragen, aber im Prinzip eine gute Idee: Mit einer überraschenden Aktion und einem souveränen Kommentar die Situation entspannen. Aber Ihnen muss klar sein, dass Sie dabei auch den intakten Ihrer beiden sündteuren Schuhe ruinieren.

» Die Mode gestattet es jeder Dame, aufzufallen, ohne als Dame mißdeutet zu werden. «

Sigmund Graff (1898–1979), deutscher Schriftsteller

Delikate Sache

Was tun am
Tag der offenen Tür?

Männer und Mode: ein Kapitel für sich. Meist ein betrübliches. Da gibt es diese Typen, die sich morgens nur anziehen, damit ihnen tagsüber nicht kalt wird. Diese Männer haben etwa so viele modische Kombinationen im Schrank wie sie Butterbrot-Variationen kennen: mal mehr, mal weniger Butter, mal Graubrot, mal Vollkornbrot, mal mit Baguette. Und zum Betriebsausflug, zur Feier des Tages, schön mit ein bisschen Aufstrich. Der einzige Anzug ist seit der Kommunion schließlich auch noch nicht so oft getragen worden und passt bis heute fast perfekt. Außer um die Hüften rum, wo's etwas spannt.
Demgegenüber steht der stets gut gekleidete Typus, dem es obendrein nichts ausmacht, mit einer Frau zum Shoppen zu gehen. Stundenlang. Ohne Murren, im Gegenteil: Mit Freude! Weil ihm die Frage, welches Paar Schuhe denn jetzt wirklich am besten zu dem neuen auberginefarbenen Kleid passt, wahrhaftig am Herzen liegt. Elegante Kleidung und guter Geschmack allein reichen aber nicht. Man muss auch auf die Details achten. Also unbedingt dran denken, die Preis-

schilder von den Ledersohlen der italienischen Slipper zu entfernen. Sie könnten den Gesamteindruck nämlich nachhaltig beeinträchtigen!

Dann gibt es Männer, deren Modeverstand leider nicht an den Kontostand heranreicht. Geschmack kann man ebenso wenig kaufen wie Fingerspitzengefühl. Auch wer zwei Millionen im Jahr macht, darf sich also nach Kräften blamieren. Er muss dazu nur im Cabrio am Biergarten vorfahren und einen weißen Anzug tragen, damit die Bräune besser zur Geltung kommt.

Das Gegenteil dazu ist der Typ Mann, der immer eine gute Figur macht, weil er Stil hat. Wenn der mit einem Kartoffelsack um die Hüfte über den roten Teppich zur Gala schreitet, sagen immer noch alle: »Wow! Der Sack steht ihm aber gut!« Und wenn ihn die Reporterin fragt, wie er auf diese Idee gekommen ist, würde er charmant antworten: »Mein Sohn hat heute Geburtstag. Ich hab's nicht mehr geschafft, mich umzuziehen. Zum Schluss war Sackhüpfen dran. Ich bin froh, dass es nicht Blinde Kuh war!«

Brad-bin-ich-sexy-Pitt ist dieser Typ Mann. Attraktiv. Intelligent. Humorvoll. Den finden sogar Männer cool! Wenn Sie einen One-Night-Stand mit Brad Pitt hätten, würde sich Ihr Freund vermutlich gar nicht aufregen. Er könnte dann vor seinen Kumpels prahlen: »Übrigens – meine neue Freundin hatte schon mal was mit Brad Pitt. Sie sagt, er ist auch nur ein ganz normaler Mann ...«

Offenheit – nicht immer am Platz

Normaler Mann? Eher nicht, denn Brad-Boy ist ein Weltstar. Doch bei der Premiere von *Der seltsame Fall des Benjamin Button* – mit ihm in der Hauptrolle – widerfuhr ihm ein ganz normales Malheur. Mit Schal um den Hals und Schnauzer im Gesicht schreitet er den roten Teppich ab. Hier ein Lächeln für die Fotografen, dort eine Kusshand für die Fans. Während zugleich da unten, im Schritt von Brad Pitt, den Blicken der Öffentlichkeit Tür und Tor geöffnet sind. Und der Star himself? Ist er wirklich so cool? Oder guckt er jetzt dumm aus der Wäsche? Von wegen. Er reagiert gar nicht. Geht einfach weiter. Weil es ihm nämlich keiner steckt. Entweder hat niemand den Mut, Brad Pitt, *den* Brad Pitt, auf seine offene Jeans hinzuweisen, oder jemand hat den Mut, weiß aber nicht wie: »Äh sorry, Mr. Pitt, your – äh – trouserdoor is open – äh – you know what I mean?« Spätestens jetzt würde einer von der Security einschreiten.

Falls Sie mal aushelfen wollen: »Ihr Hosenstall steht offen« ließe sich übersetzen mit: »Your fly is open.« Oder, wenn Pitt Ihr alter Kumpel ist: »Your barn door is open.« Den Hosenstall zumachen heißt im Übrigen »to zip up«. Fremdsprachenkenntnisse können schließlich nie schaden.

Spöttern Einhalt gebieten

- »Sehr witzig, Ihnen ist sowas natürlich noch nie passiert.«
- »Lassen Sie uns das Thema wechseln und weitermachen, damit wir mit unserer Arbeit weiterkommen.«
- »Schön, dass ich zu Ihrer Belustigung beitragen konnte.«
- »Wer den Schaden hat, braucht für den Spott nicht zu sorgen.«
- »Genug gelacht, jetzt an die Arbeit!«

Der kluge Umgang mit Worten und ihr gezielter Einsatz zur richtigen Zeit – darin liegt das Geheimnis. Brad Pitt spielt in Ihrem Leben aber vermutlich (leider) eine eher untergeordnete Rolle. Ganz anders als Ihr Chef. Der hat für 17:30 Uhr zum großen Empfang mit der ganzen Abteilung ins Foyer geladen, wo er erst eine kurze Ansprache halten will wegen der erfreulichen Umsatzzahlen im zweiten Quartal. Dann soll's Prosecco geben und natürlich Häppchen für alle. Es ist jetzt 17:30 Uhr. Die Mitarbeiter sind versammelt. Sie, seine Assistentin, stehen rechts neben der Treppe, wo von erhöhter Position aus der Chef nun gleich sprechen wird.

Wie bei Chefs üblich, kommt er leicht verspätet, aber dynamisch wie immer. Er hat ein joviales Lächeln auf den Lippen, blickt kurz in die Runde – und legt los. Gleichzeitig fragen sich die Mitarbeiter in diesem Moment alle: Sehe ich richtig, wenn ich ihm in den Schritt blicke? Sind das, was mein Chef da unter seinem Anzug trägt, wirklich Boxershorts mit *Diddelmaus*-Motiven?

Ihr Chef hält eine Rede, und sein Hosenstall ist offen. Was tun Sie, damit er nicht dumm aus der Wäsche guckt?

⇨ Er ist der Chef. Sein Problem. Sie tun daher gar nichts. Beziehungsweise fast nichts: Sie beten inständig dafür, dass er es bald bemerkt.
Und beten Sie gleich auch noch dafür, dass er nicht bald Ihr Ex-Chef ist. Weil er Sie nämlich feuert, wenn er merkt, dass Sie nicht reagiert haben. Sie können den armen Mann doch nicht vor versammelter Mannschaft derart blank dastehen lassen, nur weil Sie sich nicht trauen, den Mund aufzumachen!

⇨ Sie kennen Ihren Chef. Ihr Verhältnis ist nicht von starken Hierarchien geprägt. Also versuchen Sie, ihm mit Gesten die Situation zu vergegenwärtigen.
Könnte klappen. Aber nur, wenn Sie dadurch nicht gleich alle auf das Problem aufmerksam machen. Denn das wäre ja nun wirklich daneben: Wenn es außer Ihnen erst keiner merkt – es dann aber Ihretwegen plötzlich alle wissen. Außer

Ihrem Chef, weil er Ihre Handzeichen missversteht. »Was will sie mir nur dauernd zeigen? Ist ihr unwohl? Muss sie aufs Klo? Warum geht sie dann nicht einfach?« Gestikulieren ist heikel. Wenn man etwa jemandem sagen will, er möge sich zum Teufel scheren, denn man schätze ihn nicht gerade – dann reicht ein international anerkannter Fingerzeig. Ein offizielles Handzeichen für »Hosentür steht offen« gibt es dagegen zur Zeit leider noch nicht!

⇨ Sie erkennen die peinliche Situation auf den ersten Blick und wissen: Schnelles Handeln tut Not! Sie verlassen umgehend den Raum, greifen zum Handy und rufen Ihren Chef an. Er hat sein Handy immer dabei. Und obwohl er Sie natürlich unfreundlich begrüßt, sagen Sie es ihm auf den Kopf zu: »Sorry, ich muss einfach stören. Sehen Sie jetzt nicht nach unten: Ihr Hosenstall steht offen!« Sie sprechen aus, was gesagt werden muss. Und seien Sie sicher: Es ist Ihnen genauso unangenehm, diese Worte an den Mann zu bringen, wie ihm, sie zu hören. Aber Ihr Verhalten wird Ihnen hoch angerechnet: Ihr Chef weiß jetzt, dass er sich auch in delikaten Situationen auf Sie verlassen kann. Das Beste ist aber: Weil Ihr Chef sein Handy vermutlich in der Hosentasche trägt, wird er den offenen Reißverschluss sogar dann bemerken, wenn er Ihr Gespräch gar nicht entgegennimmt. Er wird trotzdem kurz an sich nach unten blicken, um das Handy aus der Tasche zu fingern und auszuschalten – und die ganze Tragweite des Anrufs in Sekundenbruchteilen erfassen!

⇨ Sie wissen: Es ist ernst. Sehr ernst. Um den GAU zu verhindern, müssen Sie sich für Ihren Chef opfern. Sie lenken von seinem Reißverschluss ab, indem Sie unvermittelt aufschreien: »Du meine Güte! Ich habe den Prosecco nicht kalt gestellt!« Das ist zwar grober Unsinn, stiftet aber erhebliche Verwirrung. Dann packen Sie den Chef am Arm und zerren ihn zur Tür heraus, wo Sie ihn über Ihre wahren Gründe unterrichten.
Sehr selbstlos, erfordert aber viel Mut. Sie sollten außerdem im Nachhinein Dritten gegenüber niemals einräumen, dass Sie das Ganze nur wegen der offenen Hose des Chefs inszeniert haben. Sie brauchen also eine Erklärung dafür, dass der Prosecco doch kalt war. Die Lösung bietet im Übrigen viele Varianten für nahezu jeden vergleichbaren Anlass: Ihr Chef hat bei einer Ansprache einen Fettfleck auf dem hellblauen Hemd? Täuschen Sie eine Ohnmacht vor! Er hat Speisereste im Bart? Unterbrechen Sie seinen Redefluss lautstark mit der Bitte um Verzeihung, aber Ihnen sei wirklich sehr warm, ob wohl bitte jemand mal ein Fenster öffnen könnte. Und Sie nutzen die kostbaren Sekunden der Verwirrung, um Ihre Botschaft an den Mann zu bringen.

Busen-Wunder
gibt es immer wieder

Watergate ist Ihnen sicher ein Begriff: Der Politskandal schlechthin in den 70er-Jahren. Der amtierende US-Präsident Richard Nixon lässt im Verlauf des Wahl-kampfs das Team seines demokratischen Gegenkandidaten im Hotel Watergate bespitzeln. Um es kurz zu machen, denn das hier ist ja kein Geschichtsbuch: Die ganze Sache fliegt auf, weil zwei Reporter von der *Washington Post* die richtigen Informationen bekommen – und seitdem kennt alle Welt den Water-gate-Skandal. Wissen Sie, was ein Skandal ist? Einfach nur den Nachbarn zu bespitzeln, reicht nicht! Denn wenn Sie jemanden bespitzeln und es fliegt auf, dann ist das vielleicht ein Fall für die örtliche Polizei – aber das war's dann. Die *FAZ* wird nicht darüber berichten. Und *Bunte* oder *Gala* schon gar nicht! Für einen veritablen Skandal braucht man also ein Ereignis, das es wert ist, herumerzählt zu werden, und man braucht Publikum, Öffentlichkeit. Denn es nützt ja nichts, wenn Sie herausfinden, dass Ihr verheirateter Nachbar heimlich eine Freundin hat, wenn das niemanden interessiert, geschweige denn aufregt.

Alle werfen sich groß in Schale, wenn schon mal in der Firma groß gefeiert wird. Die Getränke gratis – da wird sogar die Truppe aus der Buchhaltung mal locker. Und dann spielt die Band Ihr Lied: *It's Raining Men*. Natürlich stürzen Sie auf die Tanzfläche und sind sofort unbestrittener Mittelpunkt. Ihr Kleid ist wirklich ein scharfes Teil, und nach der Fünftage-Fastenkur sitzt es wie angegossen. Aber was kann mit einem Kleid nicht alles passieren. Der Rock könnte à la Marilyn Monroe zur Taille hochflattern, flach am Rücken kleben, sich um die Hüfte zur Wurst verdrehen oder zwischen den Beinen verfangen. Oder – und das wäre der worst case – es könnte der Busen aus dem Ausschnitt hüpfen. Tiefrot wie Ihr Gesicht gehorcht der Stoff der Schwerkraft, und Ihre Brüste tun es ihm gleich. Mitten auf der Tanzfläche sorgen Sie für eine unvergessliche Bescherung.

Was tun Sie, wenn Ihr Kleid verrutscht und plötzlich den Blick auf Ihre Brüste freigibt?

⇨ Einfach weitertanzen. Freiheit für meinen Busen! Am Strand sieht's ja auch jeder! Indiskutabel. Ganz billig. Okay, viele Karrieren haben so angefangen, und wenn Sie unter 20 sind, können Sie so vielleicht einen Berlusconi beeindrucken und einen Platz auf seiner Liste der angesagtesten Partyhäschen ergattern. Aber selbst wenn der liebe Gott es gut mit Ihnen gemeint hat, Ihr Ruf in der Firma ist ruiniert. Ab sofort sind Sie diejenige, die den Chef barbusig zur Gehaltserhöhung animieren wollte.

⇨ Sie sind kurz irritiert, dann kichern Sie los und schicken ein entwaffnendes Lächeln in die ungläubig starrende Runde. Anschließend zuppeln Sie an Ihrem Kleid, damit wieder zusammenwächst, was zusammengehört, und tanzen ungerührt weiter.

Tipp für Flugreisen

Wenn Sie zu einem Termin fliegen, sollten Sie das Wichtigste im Handgepäck haben. Ich bin 2007 zur Film-Biennale nach Venedig geflogen, um George Clooney zu interviewen. Ich wartete und wartete – aber vergebens: Mein Koffer war nicht in der Maschine. Ich trug Jeans und T-Shirt, und das war jetzt auch schon ziemlich zerknittert. Ein Albtraum. Zum Glück borgte mir eine Kollegin aus London ihr Ersatzkleid. Seitdem nehme ich mein wichtigstes Outfit immer mit in die Maschine. Ebenso die wichtigsten Unterlagen: Denn meine Interviewfragen und Moderationen waren auch in München geblieben. Also lieber ein bisschen mehr durchs Terminal schleppen als sich schwarz ärgern.

Die ersten Sekunden verlaufen vermutlich so peinlich, wie alle Sekunden verlaufen sind, die seit der Erfindung des trägerlosen Tops oder Neckholders die
glückliche von der unglücklichen Trägerin unterscheiden. Aber: So tun, als wäre
nichts passiert, ist vielleicht die beste Lösung in der Hoffnung, dass es keiner
gemerkt hat. Lassen Sie sich daher während Ihres Stoßgebets zum Himmel
keinesfalls unterbrechen.

⇨ Sie hechten zu dem netten Kollegen vom Empfang, der ein paar Schritte neben
Ihnen tanzt. Sie schmiegen sich eng an seinen Rücken, flüstern ihm ein paar
Nettigkeiten ins Ohr – »Bitte jetzt keine Fragen! Lass uns rausgehen!« – und
schieben ihn, den inzwischen natürlich willenlosen, in Richtung Ausgang.
Am Ziel angekommen, hauchen Sie ihm einen Kuss auf die Wange – »Danke!« –
und verschwinden.
Gut gemacht! Eine geradezu schulbuchmäßige Aktion. Was Ihr möglicherweise
schlechtes Gewissen dem Mann vom Empfang gegenüber angeht: Sie hatten
keine Wahl! Sie können ja schlecht Romane erzählen, wenn's auf jede Sekunde
ankommt. Er wird's verschmerzen, vor allem, wenn Sie ihm bei einem Bier die
Wahrheit erzählen.

》Eleganz ist nicht, ins Auge zu fallen, sondern im Gedächtnis zu bleiben! 《

Giorgio Armani (*1934), italienischer Modezar

Klar, das Fest der Feste wäre nichts ohne die vielen kleinen Details, über die
am nächsten Tag der Flurfunk berichtet, aber Sie wollen mit Ihrer unfreiwilligen
Darbietung definitiv nicht für Unterhaltung sorgen. Daher: Machen Sie's wie der
Fiskus, wenn er Steuereinnahmen wittert: sofort die Hand draufhalten! Falls es
ein Unglück von doppeltem Ausmaß ist: beide Hände! Denn Sie wissen: Wenn
die zwei sich zeigen, freuen sich Dritte. Alternativ taugen als Abdeckung auch:
Speisekarte, Tischdecke oder Blumendekoration. Bei Körbchengröße A tut's
vielleicht sogar die Schlafbrille aus der Handtasche, die schnell schützend in
Position gebracht wird. Anschließend verschwinden Sie für die nötigen Repara-
turarbeiten umgehend auf der Toilette, ein paar Sicherheitsnadeln haben Sie ja
sicher dabei.

Den Teufelskreis durchbrechen

In einer peinlichen Situation werden wir rot, senken den Blick, wenden uns vielleicht von unserem Gegenüber ab, damit man nicht sieht, wie unangenehm uns die Situation gerade ist, oder in der Hoffnung, dass die Situation dadurch weniger peinlich erscheint. Wir würden so gerne selbstbewusst wirken, können es aber nicht. Wir denken uns nur: Ist mir das alles unangenehm! Was müssen die anderen nur von mir denken! Am liebsten würden wir tun, als wäre nichts geschehen. Aber eine Peinlichkeit wird oft als Schock erlebt, und deshalb ist es schwer, Herr seiner selbst zu bleiben: Wir sind verwirrt, irritiert, gehemmt, blockiert. Hilflos stammeln wir unsinniges Zeug daher, versuchen mit einem gekünstelten Lachen die Situation zu überspielen oder fuchteln herum. Genau das verstärkt aber den Eindruck, dass uns die Situation so unangenehm ist. Die Folge: Wir schämen uns noch mehr. Die Situation entgleist, und alles wird noch schlimmer. Auch Ihr Gegenüber fühlt sich jetzt unwohl. Sie merken, dass Sie gerade eine rote Birne bekommen, und verstärken den Effekt dadurch noch.

Also: Am besten nicht viel Aufhebens um die Panne machen. Im ungünstigsten Fall lenken Sie nur noch mehr Augenmerk auf sich und machen eventuell Leute aufmerksam, die bisher von Ihrem Missgeschick gar nichts bemerkt haben. Um dem Teufelskreis der sich aufschaukelnden Peinlichkeit zu entkommen, ist es am wichtigsten, erst einmal tief durchzuatmen. In einer peinlichen Situation sind wir oft blockiert. Es hat also keinen Sinn, spontan reagieren zu wollen, solange man nicht klar denken kann. Wer das dringende Bedürfnis hat, im Boden zu versinken, wird sich schwer tun, eine souveräne oder charmante Antwort zu finden. Daher lassen Sie erst einmal Ihren Körper sprechen:

- Holen Sie tief Luft, mehrmals hintereinander.
- Setzen oder stellen Sie sich aufrecht hin.
- Blicken Sie Ihrem Gegenüber in die Augen. Wenn jemand dem Blick ausweicht, dann der andere, nicht Sie!
- Legen Sie Ihre Hände auf den Tisch oder holen Sie sie, wenn Sie stehen, aus der Hosentasche.
- Spielen Sie nicht nervös mit dem Kugelschreiber oder etwas anderem, was Ihnen in die Hände fällt.

Hast du Worte?

Schweigen ist Gold – oder Blech

Sprachliche Torheit, verbale Rundumschläge und Filmrisse. Oft reden wir schneller, als wir denken. Manchmal denken wir, aber die Stimme versagt. Doch selbst ein Blackout ist nicht gleich ein Knockout. Mit etwas Geschick ist die Sache schnell vergessen.

Leben auf der Überholspur

Schneller, als der Chef erlaubt

Schon wieder so ein Schleicher auf der Straße! Fährt im gehobenen Schritttempo vor Ihnen her, und Sie können nicht überholen. Seelenruhig chauffiert er sein Gefährt durch den Freitagmorgen-Verkehr. So als wäre er auf Spazierfahrt mit seiner Großmutter. Echt provozierend. Nicht einmal die grüne Ampel da vorne bringt ihn dazu, auf die Tube zu drücken. Lichthupen? Sie sind doch kein Drängler! Wild rumgestikulieren? Sieht der Kerl nicht. In den Rückspiegel zu schauen, gehört bestimmt nicht zu seinen Gewohnheiten. Die drei, vier weiteren Autos, die sich bereits hinter Ihnen stauen und deren Fahrer genauso ungeduldig, genauso aufgebracht sind wie Sie, nimmt er ebenso wenig wahr. Telefoniert er etwa mit seinem Handy? Oder träumt er nur? Jedenfalls muss er nicht um acht am Schreibtisch sitzen wie Sie, und vermutlich möchte er auch nicht um 14 Uhr Feierabend machen, um ins Wochenende zu starten.

Vielleicht ist es gar kein Kerl. Vielleicht ist es eine kultivierte, graumelierte Dame, die sich ans Lenkrad krallt, so als wollte sie die Mücken an der Frontscheibe zählen. Wieso besorgt sie sich nicht ein Hollandrad mit Dreigangnabe? Überhaupt müsste es auch fürs Schleichen Punkte in Flensburg geben. Sicher fährt sie auf der Autobahn eisern auf der Mittelspur. Oder ist das da vorne etwa einer dieser Clearasil-blassen Fahranfänger, die ohne Fahrlehrer verloren sind? Nein, so einer ist Ihr Vordermann nicht. Der da mit stoischer Ruhe vor Ihnen fährt, ist kein Anfänger. Er bremst nicht angstvoll vor jeder Einmündung. Er geht bei entgegenkommenden Autos nicht automatisch vom Gas. Er ist einfach nur eines jener immer zahlreicher werdenden Wesen unserer postmobilen Epoche, für die das Auto kein Fortbewegungsmittel ist, sondern eine gut gefederte Sänfte, die sie niedertourig im dritten Gang über die Schlaglöcher des Lebens schaukelt. Kaum dass die Türen sich automatisch verriegelt haben und die Kontrolllampen erloschen sind, wähnt sich diese Spezies allein auf der Straße. Parken, wenden, bremsen, entschleunigen, wie und wo sie wollen. Flüche anderer Verkehrsteilnehmer erreichen sie nicht. Stinkefinger sehen sie nicht. Selbst im dicksten Stadtverkehr dreht sich alles nur um sie: Sonnenkönige der Straße. Die Einzige, auf die sie hören, ist Susi, die Stimme ihres Navis.

Warum hupt eigentlich der hinter mir? Ich hatte doch gar keine Gelegenheit, den notorischen Bummler zu überholen. Unverschämtheit!

Doch irgendwann bekommt jeder seine Chance, auch die stöhnenden Opfer der sachte rollenden Schlafmützen. Auch Sie. Sie fragen sich gerade noch, warum er keinen gehäkelten Klopapierschoner auf der Hutablage drapiert hat, als Sie eine Lücke im Gegenverkehr erkennen. Sie geben Gas und flutschen an dem Schleicher vorbei – nicht ohne ihm einen bösen Blick von der Seite zuzuwerfen, um Ihrer Wut eine Zielscheibe zu geben. Auf diesen Moment haben Sie gewartet. Es verschafft Ihnen Genugtuung, dem Bummler einen bösen Blick zuzuwerfen, einen, der sagen soll: Was hast du überhaupt für eine Berechtigung, am Straßenverkehr teilzunehmen? – Aber das hätten Sie lassen sollen. Denn das Gesicht, in das Sie blicken, kennen Sie. Es gehört Ihrem Abteilungsleiter. In zwei Stunden werden Sie wieder in dieses Gesicht blicken müssen. Diesmal im Meeting. Und Sie hätten auch Ihre Lippen im Vorbeifahren nicht so formen sollen, dass man das Wort »Penner« ablesen konnte. Denn das Gesicht hat auch Ihres erkannt.

Von Menschen und anderen Tieren

Charles Darwin stellte fest, dass Tiere und Menschen im Allgemeinen ihre Gefühle sehr ähnlich ausdrücken. Mit einer wichtigen Ausnahme: Scham kennt nur der Mensch. Sie beruht darauf, was andere vermutlich über uns denken.

Wie verhalten Sie sich, wenn sich der »Penner« im Auto vor Ihnen als Ihr Chef entpuppt?

⇨ Sie fahren nach dem Überholen gleich rechts an den Straßenrand, um Ihren Abteilungsleiter zu besänftigen und ihm wieder höflich den Vortritt lassen.
Spätestens seit 1848/1849 ist solche Unterwürfigkeit nicht mehr üblich. In der Bürgerlichen Revolution beugte sich die Obrigkeit dem Fußvolk. »Bürgerstolz vor Königs Thron«, hieß die Parole. Sie gilt in Zeiten der Autodemokratie auch gegenüber Abteilungsleitern.

⇨ Sie gehen vor dem Meeting auf den Abteilungsleiter zu und entschuldigen sich bei ihm für die Ungehörigkeit.
Typischer Fall von vorauseilendem Gehorsam. Wirft kein gutes Licht auf Sie. Sie haben Angst und wollen der Konfrontation zuvorkommen, indem Sie die Schuld auf sich nehmen. Eine ganz kleine Nummer. Am Ende entschuldigen Sie sich noch mit dem Hinweis, Sie hätten nur möglichst schnell am Arbeitsplatz sein wollen. Vollends peinlich. Hören Sie also auf mit dem Gesülze. Überholen darf man. Und für einen wütenden Blick gibt es weder Strafpunkte in Flensburg noch einen Eintrag in die Personalakte. Bleibt das Wort »Penner«: eine Verbalinjurie, impulsiv herausgeschleudert, nur situativ erklärbar. Sie wollten ja nicht sagen, dass Ihr Boss auch im restlichen Leben so langsam ist wie auf dem Weg zur Arbeit. Oder?

⇨ Sie entschuldigen sich nicht, Sie erklären nichts, sondern tun gar nichts. Lassen Sie Ihren Abteilungsleiter die Initiative ergreifen – wenn er den Mut dazu hat.
Bravo! Sie stehen zu Ihrem Verhalten – auch dazu, dass Ihnen die Hutschnur geplatzt ist. Wenn der Boss sauer ist und Sie zusammenfalten will, sagen Sie: »Ungeduld muss nicht immer eine Untugend sein.« Klingt ihm das zu wolkig, drehen Sie den Satz um ins Positive: »Geduld ist nicht meine Stärke.« Und fügen ein »Sorry« an. Bloß nicht »Entschuldigung«! Sorry heißt: Damit müssen Sie sich abfinden, Chef. Entschuldigung hieße dagegen: Tut mir leid. Und das wäre ja unwahr. Leid tut's Ihnen ja nicht. Aber vielleicht ist Ihr Boss gar nicht so nachtragend, wie Sie fürchten. Dann können Sie ihm auch sagen: »Toller Wagen, den Sie fahren. Wieviel PS hat er denn?« Wenn er Humor hat, versteht er die Ironie. Wenn nicht – so what. Dann lassen Sie eben seinen Unmut über sich ergehen. Sie können dabei ja gucken wie ein Lausbub, der seinem Nachbarn reumütig einen Apfelklau beichtet und dabei schon den nächsten Beutezug plant.

Schweigen im Walde
Wenn's Ihnen plötzlich die Sprache verschlägt

Sie sind normalerweise eine, die sagt, was sie denkt. Ein Blatt vor den Mund zu nehmen, ist Ihre Sache nicht. Sie reden gerne, und Sie reden gut, Sie übertreiben nicht, Sie haben eine angenehme Tonlage. Und Sie bringen die Sache, um die es geht, sicher auf den Punkt. Sie sind nicht wie die Politiker in den Talkshows, die, wenn sie fertig sind, noch einmal mit dem Satz »Um es ganz deutlich zu sagen ...« anheben und das vorher mehr oder minder klar Gesagte wortreich verwässern.

Ihr Vokabular ist für jeden Deutschlehrer der reinste Ohrenschmaus. Kraftausdrücke vermeiden Sie, auch wenn Sie manchmal Grund zur Aufregung haben. Die vulgärsprachliche Metapher »Sch ...« ersetzen Sie durch das etwas weniger anrüchige Substantiv »Mist«. Jugendbewegte Adjektive wie super, krass, geil oder fett kommen Ihnen nicht über die Lippen. Für die haben Sie stubenreine Varianten parat, etwa: ausgezeichnet, hervorragend, sehr gut. Neulich ist Ihnen mal das Wörtchen »gigantisch« herausgerutscht. Aber da haben Sie sich gleich verbessert. Und da Sie keine Zeit haben, sich nachmittags im Fernsehen Sitcoms und Soaps anzusehen, sind Sie auch in schwierigen Situationen zu normaler Kommunikation fähig, was heute bedauerlicherweise nicht mehr jeder kann. Beobachten Sie mal Ihre halbwüchsige Tochter (wenn Sie eine haben) beim Eiskaufen. Sie würden sich die Haare raufen! Sagt der Verkäufer: »Das Erdbeereis ist aus.« Ihre Tochter: »Ja wie, kein Erdbeereis?« Der Verkäufer: »Ich habe leider kein Erdbeereis mehr.« Ihre Tochter zur Freundin: »Fucking shit. Checkst du das?« Der Verkäufer: »Morgen gibt es wieder Erdbeereis.« Ihre Tochter: »Hammerstark. Und was nützt mir das?«

Schließlich beherrschen Sie die Kunst, grammatikalisch vollständige und korrekte Sätze zu bilden – eine Fähigkeit, die heute ebenfalls nur noch selten anzutreffen ist. Das liegt vermutlich daran, dass Sie keine Handy-Flatrate haben und Ihre Mitmenschen nicht ständig mit überflüssigen Anrufen von unterwegs quälen, um ihnen Ihren Standort und Ihr derzeitiges Befinden mitzuteilen. Natürlich besitzen auch Sie ein Handy. Aber Sie tragen es weder am Band um den Hals noch umklammern Sie es mit der Hand wie einen Schmeichelstein, in ständiger Bereitschaft, eine wichtige Message entgegenzunehmen. Ihr Handy ist meistens irgendwo in der Handtasche versenkt. Oder abgeschaltet in der Schublade. Sie lassen sich von den albernen Klingeltönen nicht terrorisieren! Sie hassen die Quatschgesellschaft. Sie brauchen keinen Communication code. Sie können sich mit Worten ausdrücken.

Reden vor Publikum – nur keine Angst!

Dass Sie so korrekt sprechen können, ist Ihr Pech. Denn wer sich ausdrücken kann, mit dem kann man auch reden. Das hat auch Ihre beste Freundin längst gemerkt, und deshalb bittet sie Sie, zum runden Geburtstag ihres Mannes eine kurze, launige Rede zu halten. Sie selbst könne ja nun gar nicht vor Publikum sprechen, behauptet sie. Ihr bliebe immer die Stimme weg. Außerdem wüsste sie überhaupt nicht, was sie sagen sollte. Der besten Freundin eine Bitte abzuschlagen – unmöglich.

Irgendwie hat auch der Klassenlehrer Ihrer halbwüchsigen Tochter (wenn Sie eine haben) gehört, dass Sie unkompliziert und easy kommunizieren können und dabei der deutschen Sprache keine Schande machen. Jedenfalls fragt er Sie, ob Sie nicht heuer die Moderation bei der Weihnachtsfeier übernehmen könnten. Nur eine kurze Begrüßung, ein paar überleitende Worte, zwei, drei Zwischentexte, ein Schluss-Statement. Ihre Tochter ist entsetzt: »Mama, tu das nicht. Du machst mich peinlich.« Sie entschuldigen das Deutsch Ihrer Tochter und sagen dem Klassenlehrer zu. Elternmitarbeit ist heutzutage wichtig.

Auch der Firma ist Ihre Kommunikationsfreudigkeit nicht verborgen geblieben. So bittet Sie der Chef, auf der nächsten Tagung der *Deutschen Gesellschaft für Kreative Buchführung* das Hauptreferat zu übernehmen, das eigentlich er halten sollte. Nehmen wir an, das Thema hieße: »Ergebnisneutrale Verbuchung von Zahlungsausfällen im Zeitalter der globalen Wirtschaftskrise«. Ein spannendes Thema. Und hochaktuell. »Das machen Sie mit links«, spricht der Chef Ihnen Mut zu. Und: »Dieses Thema ist doch Ihr täglich Brot in unserer Abteilung.« Sie schlucken. Zum ersten Mal fehlen Ihnen die Worte. Doch den Chef irritiert das nicht. Im Gegenteil: Den ausbleibenden Protest deutet er als Einverständnis. Nun müssen Sie den Kelch austrinken.

Sie knien sich also richtig rein ins Thema. Googeln sich durchs Internet, flöhen *Wikipedia* durch, informieren sich über Tricks und Kniffe im berühmten Standardwerk von *Lehman Brothers,* analysieren die Postings in allen relevanten Internetforen. Am Ende üben Sie vor dem Spiegel, machen sogar einen Probelauf vor Ihrer besten Freundin. »Wenn eine das verständlich und flüssig rüberbringen kann, dann Du«, versucht diese Sie aufzubauen, und die Worte hätten ihre beruhigende Wirkung auch erzielt, wenn ihrer Stimme nicht eine unendliche Erleichterung darüber anzuhören wäre, dass der Kelch an ihr vorübergegangen ist. Ihre halbwüchsige Tochter – Haben Sie inzwischen eine? – macht aus ihrem Unverständnis für Sie keinen Hehl: »Mama, bist du denn bescheuert? Dieses Riesenschwein von Chef will dich fertig machen!« Trotzdem ist sie überzeugt: »Du machst das endsuper.«

Jedenfalls fühlen Sie sich sicher und locker an dem Tag Ihres großen Auftritts. Sie haben Ihr Lampenfieber im Griff, und als Sie ans Podium treten, sind Sie voll konzentriert auf Ihren Vortrag. Sie kommen auch gut voran, müssen nur selten in Ihr Manuskript schauen. Kurz: Es läuft gut. Vielleicht zu gut. Nach der Hälfte Ihres Referats hängen Sie plötzlich: Blackout. Sie räuspern sich, um Zeit zu gewinnen. Nützt nichts. Sie machen eine Kunstpause. Doch der Gedanke, den Sie eben noch so schön ausformuliert hatten, ist weg. Nichts geht mehr. Sie spüren, wie Ihre Hände zu zittern anfangen, wie Ihnen der Schweiß auf die Stirn tritt. Wie Sie den Boden unter den Füßen verlieren. Verzweifelt suchen Sie im Manuskript nach der Stelle, an der Sie stecken geblieben sind. Vergeblich. Ihre Augen funken SOS, aber keiner im Saal merkt es. Sie müssen sich selber helfen.

Was machen Sie, wenn Sie bei einer wichtigen Rede plötzlich den Faden verlieren?

⇨ Sie bitten um eine kurze Pause, gehen hinter die Bühne, studieren in Ruhe Ihren Redetext und kommen wieder, wenn Sie den Faden gefunden haben. Versuchen Sie es. Es wird nichts nützen. Die Wahrscheinlichkeit, dass Sie den Faden wiederfinden, ist gering. Der Panikstress, der Sie erfasst hat, lässt Sie nicht mehr los. Und der Saal ist hinterher vermutlich nur noch halbvoll. Oder besser: halbleer.

⇨ Sie schließen die Augen, denken weder ans Publikum noch Ihre Tochter noch Ihr Manuskript. Sie kapseln sich für ein paar Sekunden völlig ab. Sie klappen die Ohren runter und versuchen, sich auf den letzten gesprochenen Satz zu konzentrieren. *(Lesen Sie weiter auf Seite 78.)*

Tipps und Tricks: Rettung bei Blackouts

1. Gewinnen Sie Zeit

Lassen Sie ruhig eine kleine Kunstpause eintreten, damit Sie sich sammeln können. Dazu halten Sie am Ende des Satzes einfach kurz inne. Ihre Zuhörer werden das nicht als eine Zwangspause empfinden, denn Schweigen kann auch ein rhetorisches Mittel sein, durch das Sie das Gesagte wirken lassen oder einer Aussage besonderen Nachdruck verleihen wollen. Oft steht ein Wasserglas in der Nähe; trinken Sie einen Schluck. Das verschafft Ihnen eine kleine Denkpause. Sie können auch Ihre Zuhörer in Ihren Vortrag einbeziehen: »Gibt es zu diesem Thema Fragen?« Blicken Sie in die Runde, das verschafft Ihnen ebenfalls Zeit.

2. Resümieren Sie

Wenn das nicht hilft, wiederholen Sie, was Sie zuletzt gesagt haben: »Dieser Punkt ist mir sehr wichtig, daher fasse ich zusammen ...« Ihre Zuhörer werden sich freuen, das Wichtigste in komprimierter Form erneut zu hören. Sie werden glauben, die Wiederholung diene dazu, dass sie Ihrem Vortrag besser folgen können.

3. Seien Sie ehrlich

Sollten Sie inzwischen immer noch nicht weiterwissen, sprechen Sie es jetzt offen an: »Ach, jetzt habe ich den Faden verloren.« Wichtig: Nehmen Sie es mit Humor. Die Situation kann schließlich auch auflockernd wirken: »Zum Glück habe ich nur den roten Faden verloren und nicht die ganze Garnrolle.« Oder: »Ausgerechnet heute ist meine Souffleuse früher gegangen. Wo war ich stehen geblieben?« Blicken Sie in die Richtung eines Kollegen, der Ihre Rede kennt oder weiß, worauf Sie hinauswollen: »Können Sie mir weiterhelfen?« Ihre Zuhörer werden es als menschlich ansehen, dass Sie den Faden verloren haben, und Ihre Ehrlichkeit zu schätzen wissen.

4. Unterbrechen Sie

Sie können auch Ihren Vortrag unterbrechen: »Ich schlage vor, wir machen jetzt eine kurze Pause, lüften und machen in zehn Minuten weiter.«

5. Ziehen Sie ein anderes Thema vor

Sollte Ihnen ein anderer Punkt Ihrer Rede einfallen, den Sie vorziehen können, gehen Sie einfach zum nächsten Thema über: »Ein anderer wichtiger Aspekt, auf den ich noch eingehen möchte, ist …« Ihre Zuhörer werden nicht kritisieren, dass Ihr vorheriger Punkt noch nicht abgeschlossen war. Sie rechnen aber möglicherweise damit, dass Sie diesen Gedanken zu einem späteren Zeitpunkt noch zu Ende führen.

6. Schnelle Reaktionen

Hier noch ein paar mögliche Antworten für den Fall, dass jemand Ihre Pause nutzt, um Fragen zu stellen, die Sie nicht beantworten können oder wollen:

- »Gute Frage, ich komme an anderer Stelle darauf zurück.«
- »Wenn Sie das interessiert, kommen Sie gerne nach der Präsentation auf mich zu. Jetzt bitte erst einmal zum nächsten Thema …«
- »Spannende Frage. Das interessiert mich auch. Werde ich recherchieren.«
- »Das führt jetzt zu weit vom Thema weg.«
- »Ich behalte Ihre Frage im Hinterkopf und gehe gerne später in einer allgemeinen Fragerunde darauf ein.«

7. Zeigen Sie Selbstironie

»Drei Dinge kann ich mir nicht merken. Das eine sind Telefonnummern, das andere Namen, und das Dritte habe ich vergessen. Lassen Sie mich kurz auf meinem Notizzettel nachsehen, was ich gerade vergessen habe.«

Gute Karten und geflügelte Worte

Damit Sie möglichst gar nicht erst in die Verlegenheit geraten, beachten Sie doch künftig diese Kurztipps: Bereiten Sie Kärtchen vor, maximal im Format DIN A6, die Sie in der (Jacken-) Tasche haben oder vor sich hinlegen. Darauf stehen die wichtigsten Schlagworte zu dem, was Sie sagen wollen. Notieren Sie nur Stichpunkte, keine ganzen Sätze, sonst verlieren Sie den Überblick, wenn Sie versuchen den Faden wieder aufzunehmen. Und keine Sorge: Kärtchen sind erlaubt. Selbst ein Profi wie Thomas Gottschalk nimmt Kärtchen mit in die Sendung. Suchen Sie sich als Joker das eine oder andere Zitat von berühmten Menschen heraus, das in jedem Fall zum Anlass passt und das Sie jederzeit einwerfen können – in der Hoffnung, Ihr Kopf knüpft an den verlorenen Faden wieder an: »Da fällt mir gerade ein, wie sagte doch XYZ so schön …« Schreiben Sie es auf einen Spickzettel.

Schon besser. Vielleicht finden Sie so den Faden wieder. Psychologen haben herausgefunden, dass das echoische Gedächtnis (also das Hirnareal, das Lautimpulse aufzeichnet) eine Speicherzeit von etwa 18 Sekunden hat. Holen Sie sich also wenigstens das letzte Wort wieder zurück, bevor es zu spät ist. Vielleicht klingt es im Gedächtnis nach. Lassen Sie sich nur nicht von den Geräuschen im Saal irritieren. Wenn das nicht klappt, denken Sie an Ihre Vorbereitung zurück. An Ihren Schmierzettel, an ein falsches Google-Suchresultat oder an die Wohnung Ihrer besten Freundin während des Probevortrags. Wenn der akustische Speicher Ihres Gedächtnisses schon gelöscht ist, kann im episodischen Puffer, wie die Psychologen ihn nennen, noch etwas zu finden sein. Das heißt: Über ein Bild, eine Begebenheit, eine bestimmte Situation können Sie eventuell zu Ihrem Gedanken zurückfinden. Flash-artig. Sie müssen nur cool bleiben. Sie dürfen auf keinen Fall zu sich sagen: Mein Gott, wie peinlich! Oder: Hätte ich das Referat bloß nicht übernommen.

➡ Fällt Ihnen wirklich nichts mehr ein, tun Sie einfach das, was Nachrichtensprecher und TV-Stars auch machen, wenn sie nicht mehr weiterwissen, weil die Studioregie sie im Stich lässt. Sie blicken freundlich ins Publikum und sagen: »Meine Damen und Herren, jetzt stehe ich auf dem Schlauch.« Dafür kriegen Sie selbst auf einem hochwissenschaftlichen Kongress ein Schmunzeln. So werden Sie schon mal wieder locker. Dann bitten Sie Ihre Zuhörer, Ihnen ein Stichwort zu geben. Sofort macht es »klick«, und die Show kann weitergehen.
Sehr professionell. Und ganz einfach! Sie müssen nur unverkrampft sein und dürfen nicht sklavisch am Manuskript hängen. Am besten benutzen Sie sowieso nur Kärtchen mit Stichworten. Wer auf der Bühne nicht gerade vor Lampenfieber stirbt und auch unter Stress des Deutschen halbwegs mächtig ist, sollte möglichst frei sprechen. Das geht leichter als Ablesen. Denn irgendetwas kommt immer dazwischen, was Sie vom geplanten Text abbringt. Mal eine Zwischenfrage, mal Unruhe im Saal, mal Zeitdruck. Wenn der Moderator drängt, weil Ihre Redezeit abgelaufen ist, müssen Sie den Rest Ihres Referats sowieso zu einem kurzen Resümee zusammenfassen. Scheuen Sie sich deshalb nicht zu sagen: »Der Rest ist schnell gesagt ...« Oder: »Ich mache es kurz, Sie wollen schließlich zum Büfett ...« Also ganz easy. Wenn irgendein Gedanke oder eine Formulierung, an der Sie lange gefeilt haben, auf diese Weise unter den Tisch fällt – schade, aber unabänderlich. Das nächste Mal legen Sie Ihr Referat als Beamer-Präsentation an, wie Ihre Arbeitskollegen es Ihnen immer schon geraten haben. Dann wissen Sie vorher genau, wie viel Zeit Sie für Ihren Vortrag brauchen, und können sicher sein, dass Sie nicht stecken bleiben.

Der Filmriss

Du kannst Sie zu mir sagen

Früher war es einfacher. Da war der Herr Wagner Ihr Chef, und Sie haben ihn gefragt: »Herr Wagner, möchten Sie einen Kaffee?« Sie sagten Sie. Ein Vorgesetzter wurde gesiezt. Das verlangte der Respekt. Heute ist der Herr Wagner zwar immer noch Ihr Chef, aber Sie duzen ihn: »Werner, willst du einen Cappuccino?« Er will das so, weil er gelernt hat, dass das Duzen von Chefs im Sinne flacher Hierarchien wünschenswert ist. Den Chef von Herrn Wagner, Herrn Müller, duzen Sie aber nicht. Das darf nicht einmal Herr Wagner. Der Chef wiederum sagt zu Herrn Wagner: »Werner, haben Sie die Präsentation schon fertig?« Die Sache mit dem Du und dem Sie ist komplizierter geworden, weil nicht mehr so leicht zu erkennen ist, wann welche Anrede respektlos sein könnte.

Wie einfach ist es da im Englischen: Briten und US-Amerikaner sagen »you«, ob sie nun den Nachbarsjungen schimpfen oder mit einer Politesse streiten. Versuchen Sie das mal bei uns, wenn Sie gerade ein Knöllchen kriegen: »Wenn dir das Spaß macht, dann musst du das wohl tun.« Vielleicht werden Sie wegen Beleidigung angezeigt. Dieter Bohlen ist das passiert. Aber das Landgericht Hamburg urteilte, weil Diddä bekanntlich alles und jeden duze, sei es nicht beleidigend, wenn er das auch bei einem Polizisten tue. Was nicht heißt, dass *Sie* so glimpflich davonkämen. Der angelsächsische Beobachter kann sich da nur wundern: Es gibt die bekannte Anekdote, wonach Helmut Kohl dem damaligen US-Präsidenten Ronald Reagan das Du angeboten hat mit den Worten »You can say you to me.« Ein Amerikaner ohne Deutschkenntnisse wird gar nicht verstehen, was der Ex-Kanzler damit gemeint hat.

Du oder Sie – in Skandinavien ist das geklärt: In Schweden wird vom Müllmann bis zum Minister jeder geduzt – außer Mitgliedern des Königshauses. Sollten Sie also Carl XVI. Gustav von Schweden beim Dinner treffen, fragen Sie nicht: »Wie hat dir der Krabbencocktail geschmeckt?« Sondern: »Wie hat dem König der Krabbencocktail geschmeckt?« Das schwedische Du ist in den 70er-Jahren, gemeinsam mit der Vitrine *Grimle* und dem Regal *Billy,* im Möbelwagen zu uns gekommen: »Wohnst du schon oder siezt du noch?« Bei Ikea wird jeder geduzt, auch in Deutschland – kein Mangel an Respekt, schwedische Philosophie! Und natürlich Marketingstrategie: »Welches Bettsofa passt zu dir?« Das klingt doch viel kuscheliger, da kauft mancher gleich viel lieber ein.

Solch kumpelhaften Umgang sucht man in Frankreich vergebens. Das Sie gehört unter Fremden zum guten Ton. Und wer sich kennt, duzt sich noch lange nicht. In »besseren Kreisen« gibt es bis heute Kinder, die ihre Eltern siezen.

Richtig kompliziert ist es in Teilen Südamerikas: Da gibt es das förmliche Sie (spanisch *usted*) für Personen, denen besonderer Respekt gebührt, etwa ältere Menschen, Polizisten, Richter. Eine Stufe tiefer steht das allgemein übliche Du (spanisch *tu*). Aber in Argentinien und Uruguay wird das Du noch gesteigert zu einem besonders vertrauten Du, nämlich *vos.* Dieses spezielle Du ist den wirklich guten Freunden vorbehalten. Aber es kommt noch besser. Einige gute Freunde als Gruppe werden nicht mit »Wie geht es euch?« begrüßt, sondern mit: »¿Cómo están ustedes?« Also: »Wie geht es Ihnen?« Ist es nur einer, wird geduzt, ab zweien wird gesiezt. Für uns seltsam, hat aber den Vorteil, dass man sich beim Spanisch-Pauken die zweite Person Plural eigentlich schenken kann. Aber Vorsicht – in Spanien selbst ist das anders!

Per Du, per Sie, per wie?

Das Sie ist ja bei uns keineswegs ausgestorben, auch wenn die Duz-Kultur immer weiter um sich greift. Der letzte groß angelegte Versuch im Land der Dichter und Denker, das Sie zu eliminieren, fand im Zuge der Fußball-WM 2006 statt. Euphorisiert vom schönen Wetter und der tollen Stimmung fragte *Bild:* »Wollen wir uns alle duzen?« Gärtner, Hotelchefs, Aufsichtsräte und Dieter Bohlen waren begeistert. Aber wollen Sie einen Jungkellner wirklich duzen? »Bringst du mir bitte ein Glas Wasser?« So schickt Ihr Mann zu Hause den 12-jährigen Sohn zum Bierholen in den Keller. Ja gibt's da keine Unterschiede mehr?

Offenbar nicht. Das Du am Arbeitsplatz soll Nähe schaffen, das Wir-Gefühl des Teams verstärken und die Illusion erwecken, man befände sich unter Gleichen. Auch wenn der Chef einen natürlich trotzdem feuern kann. Er sagt dann eben: »Du bist gekündigt.« Oder neudeutsch glatt: »Du bist freigestellt.«

Es ist natürlich schmeichelhaft, wenn der Chef einem das Du anbietet. Doch Vorsicht! Es kann Sie in die Bredouille bringen. Nämlich dann, wenn das Ganze bei einer feucht-fröhlichen Betriebsfeier passiert. Es ist nach Mitternacht. Sie sind nach diversen Caipirinhas etwas bedröhnt, halten sich aber wacker an der Bar, wo auch Ihr Chef sitzt. Der ist bester Laune. Das halbvolle Bier und das leere Ramazzottiglas sprechen dafür, dass er auch nicht mehr ganz nüchtern ist. Sie plaudern eine Weile, als der Chef auf einmal sagt: »Wissen Sie was – ich bin der Walter. Ich finde, wir sollten uns duzen.« So wird über Nacht aus Herrn Kofler der Walter. Am nächsten Morgen dann, etwas später als sonst, begegnen Sie im Aufzug Ihrem Chef. Herrn Kofler. Ihr Schädel brummt zwar, aber Sie sind dennoch gut gelaunt: »Hallo Walter. Wie geht's dir denn? Hast du auch so einen Brummschädel?« Walter hat einen Brummschädel, und deshalb kann er sich auch an nichts erinnern: »Frau Schuster, nett, dass Sie fragen.« Sie werden rot, weil Sie sich nämlich gerade fragen, ob Sie vergangene Nacht womöglich so betrunken waren, dass Sie was falsch verstanden haben.

Sie duzen den Chef, der Ihnen das Du angeboten hat, sich jetzt aber nicht daran erinnern will. Und nun?

⇨ Sie schenken ihm reinen Wein ein und gehen zur Tagesordnung über: »Gestern Abend an der Bar haben Sie mir das Du angeboten. Aber kein Problem.«
Sie haben recht. Im Grunde muss diese Situation nicht Ihnen unangenehm sein, sondern ihm. Korrekt, wenn Sie Ihren Chef das wissen lassen – es sei denn, jemand hört zu. Sind Dritte anwesend, sollten Sie auf diese Antwort verzichten, um den Chef nicht bloßzustellen. Sie können das später noch klären.

⇨ Sie riskieren einen frechen Spruch: »Oh weh, Filmriss! So blau hast du gar nicht gewirkt! Weißt du denn noch, was du später Barbara ins Ohr geflüstert hast?«
Respekt! Das Bonmot von Mark Twain trifft auf Sie nicht zu: »Schlagfertigkeit ist etwas, worauf man erst 24 Stunden später kommt.« Sie brauchen für eine gute Antwort keine 2,4 Sekunden. Diese hier ist aber nur empfehlenswert, wenn Sie einen Chef haben, der genug Selbstironie hat. Sonst wird die Luft jetzt dünn.

⇨ Sie lassen die Sache erst mal auf sich beruhen in der Annahme, der Chef werde sich schon wieder erinnern und dann wegen seines Ausrutschers auf Sie zukommen: »Natürlich, einen schönen Tag noch.«
Es wirkt vielleicht zunächst etwas schüchtern, ist aber im Grunde eine gute Strategie. Keine große Szene, keine Sprüche, niemand verliert das Gesicht. Falls Ihr Chef Charakter hat, wird er Ihre Hoffnung erfüllen und sich bei Ihnen melden. Wenn nicht, haben Sie viel über Ihren Chef gelernt.

Per Sie mit der Duzerei

Einen wichtigen, ja unverzichtbaren Teil des guten Benehmens beherrscht man in Deutschland schon dann, wenn man weiß, wann das Du angebracht ist und wann das Sie. Und was zu tun ist, wenn keine sichere Entscheidung möglich ist. Mit der althergebrachten Höflichkeitsform, diesem Quasi-Plural, hat uns unsere Sprache wirklich ganz schön was eingebrockt. Wie schwierig die Thematik ist, zeigen uns Menschen »mit Migrationshintergrund«. Und man merkt es daran, dass kein Mensch von einem Kind im Vorschulalter das förmliche Sie erwartet. »Du, Frau Webb!« – so was ist dann noch kein Problem.

Das Du am Arbeitsplatz

In Ihrer neuen Firma herrscht das Du. Auch dem Chef gegenüber. Das mag Ihnen gefallen, scheint es doch Ausdruck von vertrauensvoller Zusammenarbeit, von Offenheit und flachen Hierarchien zu sein. Als Newcomer sollten Sie sich dennoch zurückhalten und den Chef zunächst siezen. Schlimmstenfalls gelten Sie als etwas konservativ und uncool. Bestenfalls wird man es als Ausdruck Ihres Respekts betrachten und Ihnen gern das Du anbieten. Die größte Gefahr im Berufsleben ist, dass das Du überinterpretiert wird. Vergessen Sie bei Ihrer Entscheidung dafür oder dagegen nie, dass bei aller Lockerheit Ihr Chef der Chef bleibt und Sätze wie »Nein, ich kann dir keinen Urlaub, keine Gehaltserhöhung, keine Beförderung gewähren« ziemlich weh tun können. Das lässige Du im Business bedeutet selten Freundschaft. Seniorchefs, die eine Verwechslung diesbezüglich ausschließen möchten, wählen daher gern das Sie mit dem Vornamen: »Jan, können Sie bitte ...« Ein charmanter Kompromiss.

Das weinselige Du

Eine klassische Falle ist das Firmenfest. Die Stimmung ist gut, der Rotwein noch besser, und zu vorgerückter Stunde bietet Ihnen Ihr Chef das Du an. Sie fühlen sich geehrt, sind ein bisschen stolz auf diesen Wendepunkt in Ihrer beruflichen Beziehung und stoßen beherzt darauf an. Denn der Boss duzt sich nur mit wenigen Ihrer Kollegen. Am nächsten Morgen begegnen Sie sich im Fahrstuhl. Fröhlich fragen Sie: »Wie geht es dir nach der kurzen Nacht?« Kommt die Antwort »Äh, Frau Schulz, seit wann duzen wir uns?«, wissen Sie, wie ernst das Angebot gemeint war. Bleiben Sie also nach einer Betriebsfeier lieber erst mal beim Sie. War der Betreffende Herr seiner Sinne, wird er Sie an das vereinbarte Du erinnern.

Das Tabu-Du

Ihre Firma ist auf allen Hierarchiestufen per Du. Bei einer Veranstaltung oder in der Freizeit treffen Sie einen Kollegen oder Ihren Vorgesetzten mit Partnerin oder Ehefrau. Sie duzen munter drauflos, und die Dame sieht aus, als hätte sie in eine Zitrone gebissen. Zu Recht. Ein Du einfach zu übertragen, ist unhöflich. Halten Sie sich beim voreiligen Spontan-Du zurück, im Zweifel gilt bei uns das Sie. Auch wenn »Guten Tag, Frau Müller, hallo Mike!« Ihnen schwer über die Lippen geht.

Das Partner-Du

Beruflich hat man oft jahrelang dieselben Ansprechpartner, man arbeitet eng mit einem Kunden oder Klienten zusammen, verbringt diverse Meetings, Konferenzen und Festivitäten gemeinsam. Sie schätzen die Person und möchten ihr eines Tages das Du anbieten, um Ihre Zuneigung auszudrücken. Wählen Sie einen entspannten Moment dafür, beispielsweise bei einem Business-Lunch. »Wir arbeiten jetzt schon so lange zusammen; ich würde mich sehr freuen, wenn wir uns duzen könnten.« Spielen Sie bei einem »Nein danke« aber nicht die beleidigte Leberwurst.

Das plumpe Du

Im umgekehrten Fall, wenn Ihnen privat oder beruflich ein Du angeboten wird, das Sie absolut nicht haben möchten, weil Ihnen die Person unsympathisch und Ihr Verhältnis ganz und gar nicht innig ist, hilft nur Taktgefühl. Danken Sie freundlich für das Angebot und das damit ausgesprochene Vertrauen. Aber Sie seien dann eben doch etwas altmodisch, eigen, entsprechend erzogen, zu respektvoll und so weiter und lehnen dankend ab. Manchmal ist es im Geschäftsleben einfach am entspanntesten, beim Sie zu bleiben. Das weckt keine unsachlichen Erwartungen und hält die angemessene Distanz.

Das Party-Du

Im Privatleben ist es kaum einfacher, stets den richtigen Ton zu treffen. Auf einem Fest bei Freunden sehen Sie viele Gäste zum ersten Mal. Man muss sich also einander vorstellen. Alle sind um die 30 Jahre oder älter. Soll man alle duzen, weil es schließlich eine Party ist? Auch den 50-jährigen Professor? Oder erst einmal siezen, weil man sich noch nicht kennt? Hier helfen nur Fingerspitzengefühl und ein gutes Gehör. Was sagen die anderen? Zunächst können Sie die direkte Anrede geschickt umgehen mit »man«- oder »wir«-Formulierungen oder indem Sie Fragen stellen.

Antwortet Ihnen selbst ein älterer Gast mit Du, können Sie sich dem anschließen. Werden Sie von etwa Gleichaltrigen oder Jüngeren gesiezt, was Sie auf einer Party übertrieben finden, bieten Sie ruhig selbst das Du an. Erhalten Sie ein Sie zurück, suchen Sie sich wohl am besten einen anderen Gesprächspartner.

Das Kindheits-Du

Wie tief verankert ungeschriebene Gesetze sein können, zeigt dieses Beispiel: Da gibt es diese alten Freunde Ihrer Eltern. Die Frauen lernten sich vor 35 Jahren bei der Schwangerschaftsgymnastik kennen. Sie sind mit Tante Helga groß geworden, haben sie seit Ihrer Studienzeit ewig nicht gesehen. Bei einem runden Geburtstag Ihrer Mutter oder Ihres Vaters treffen Sie sich wieder, und Tante Helga siezt Sie. Autsch, was soll das denn? Nun, sie hält sich an die Regel, dass man Erwachsene siezt. Sie empfinden diese verbalisierte Distanz als verletzend. Die lässt sich aber leicht ausräumen: »Tante Helga, du hast mir damals die Windeln gewechselt, du bist Teil meiner Kindheit, bleib doch bitte beim Du.« Sie wird.

Das Schwiegereltern-Du

Verrücktes Durcheinander veranstalten oft die Eltern des Freundes oder der Freundin, also die Schwiegereltern in spe. Ihr Liebster stellt Sie das erste Mal vor. Eher lockere Leute bieten Ihnen gleich das Du an, schließlich sind Sie jünger als der eigene Sohn. Eher konservative Eltern duzen Sie, kämen aber nie auf die Idee, Ihnen das ebenfalls zu gestatten. Manche bestehen darauf, bis die Beziehung durch eine Verlobung offiziellen Charakter erhält. Sollten Sie Ihren Traummann gefunden haben und nicht mehr hergeben wollen, respektieren Sie das jeweilige Reglement mit Zurückhaltung. Davon, selbst vorzupreschen und das gegenseitige Duzen anzubieten, ist abzuraten.

Das Dauer-Du

Längst sind Sie aus Ihrer Geburtsstadt weggezogen, Ihre Eltern leben noch da. Die Nachbarn auch, die Sie nie besonders mochten, weil sie immer nur geschimpft haben, als Sie in Kindertagen mit Ihren Spielkameraden auf der Straße tobten. Bei Ihren Besuchen ist die Begegnung mit den Meckerheinis unvermeidlich. Die behandeln Sie, als würden Sie immer noch Dreirad fahren: »Na, wie geht's dir?« Sie denken, was erlauben die sich, mich nach wie vor zu duzen? Sie haben recht. Aber lassen Sie doch die alten Leute, die werden sich nicht mehr ändern. Eventuell duzen Sie einfach frech zurück.

Faustregeln statt Faustrecht

Einige Basisregeln helfen, das Spiel von Distanz und Nähe im Privat- und Geschäfts-leben zu durchschauen.

Die Deutschen sind eine Siez-Gesellschaft. Jede volljährige Person besitzt das Recht, mit Sie angesprochen zu werden. Das Du ist zunächst die Ausnahme. Eine Zeit lang gab es den Hang zum schnellen »Hey, du!«, doch der Trend geht verstärkt wieder in Richtung Sie. Im Geschäftsleben steht immer das Sie an erster Stelle.

Im Berufsleben zählt die Hierarchie. Der Ranghöhere bietet dem Rangniederen das Du an, also der Chef oder Vorgesetzte seinen Mitarbeitern. Auch wenn der Vorge-setzte eindeutig erheblich jünger ist als seine Mitarbeiter, sollten diese nicht mit einem Du-Angebot vorpreschen. Im beruflichen Umfeld steht dieses Vorrecht nun einmal dem Vorgesetzten zu. Respektieren Sie dies als Bekundung Ihres Respekts.

Die oder der Ältere bietet das Du an. Der oder die Jüngere reagiert. Das funktioniert aber nur, wenn der Altersunterschied deutlich sichtbar ist.

Üblicherweise macht die Frau den ersten Schritt. Sind eine Frau und ein Mann schätzungsweise gleich alt, ist es nach wie vor üblich, dass sie das Du anbietet, vor allem weil viele Männer auch in Zeiten der gesetzlichen Gleichstellung von Mann und Frau die Formel »Ladies first« im Kopf haben. Wenn er oder sie nicht will, ist das völlig in Ordnung.

Sie dürfen ein Angebot zum Duzen ablehnen. Ob privat oder beruflich, für wen die Sie-Situation angenehmer ist, der muss sich nicht zwingen lassen. Abzulehnen erfordert halt ein wenig Mut und Selbstsicherheit. Denn der Du-Anbieter könnte sich auf den Schlips getreten fühlen und niemals einen zweiten Versuch starten. Das müssen Sie dann aushalten.

Ein Handschlag besiegelt das Du. Oder auch ein warmes Lächeln. Die groteske Regel, man müsse dazu unbedingt anstoßen und sich sogar gegenseitig auf die Wange küssen, hat – jedenfalls im Business – nichts zu suchen.

Souveränität rettet

Wenn wir mit einem unbedachten Du oder einem nach vereinbartem Du ebensolchen Sie ins Fettnäpfchen getreten sind, heißt es vor allem: gelas-sen bleiben. Wer selbst in einer unangenehmen Situation halbwegs sou-verän ist, kann die Lage retten. Im Idealfall bleibt am Ende die gekonnte schnelle Reaktion in Erinnerung, und nicht die vorangegangene Panne. Also: Stil beweisen Sie nicht mit dem Bemühen, Fettnäpfchen zu vermeiden, sondern durch die Art und Weise, wie Sie mit Fettnäpfchen umgehen.

Irren ist menschlich
Verplappern kann peinlich sein!

Das Leben schreibt die bösesten Drehbücher. Stellen Sie sich vor, der gut aussehende, liebe Kollege aus Ihrer Firma, auf den Sie schon lange ein Auge geworfen
haben, kommt plötzlich auf Sie zu und druckst so merkwürdig rum: »Du, ich muss
dir etwas beichten.« Ihre Hände werden feucht. Ihr Herz hämmert. Ihre Knie sind
kurz davor einzuknicken. Endlich! Endlich will er sich outen, will er sagen, dass
Sie ihm nicht mehr aus dem Kopf gehen. Dass er immer nur an Sie denken muss.
Dass er Sie am liebsten an die Hand nehmen und mit Ihnen wegrennen möchte,
ganz weit weg. Auf eine einsame Insel oder so. Ihre Augen glänzen, und im Dusel
Ihrer Gefühle antworten Sie ihm: »Ich muss dir auch etwas beichten.« Höflich wie
er ist, lässt er Ihnen den Vortritt: »Okay. Du zuerst.«
Nun dürfen Sie also Farbe bekennen. Und so, wie er vor Ihnen steht, so unsicher
und hoffnungsfroh zugleich, fällt Ihnen das nicht schwer. Zu oft haben Sie diese
Situation in Gedanken durchgespielt! Zu sehr haben Sie auf den Moment gewartet. Jetzt ist er da. »Ich mag dich auch gern. Sehr gern sogar«, hauchen Sie.

Es ist der größte Fehler, der Ihnen je am Arbeitsplatz unterlaufen ist. Und einer der dümmsten Ihres Lebens. Denn der liebe, gut aussehende Kollege reißt erschrocken die Augen auf und tritt einen Schritt zurück. »Ich wollte dir nur beichten, dass ich eben im Parkhaus dein Auto angefahren habe.« Sie möchten im Erdboden versinken. Oder sich in Luft auflösen. Wenigstens den Film zurückdrehen, um das Drehbuch schnell umzuschreiben. Zu spät. Der GAU ist da. Die Gefühle haben bei Ihnen alle Sicherungen durchknallen lassen. Sie, die stolze Rose, stehen da wie ein welkes Gänseblümchen, geknickt statt gepflückt. Auweia! Wenn das Ganze eine Szene aus Woody Allens Neurosenkino wäre, hätten Sie als Zuschauerin herzlich gelacht. Aber als Hauptdarstellerin können Sie nicht einmal weinen. Nur sich schämen. Oder?

Welchen Abgang finden Sie, wenn Sie unvorsichtig dem Falschen Ihre Gefühle gestehen?

➪ Sie sagen einfach: »Denk dir nichts dabei.« Dann drehen Sie auf dem Absatz um und lassen wieder den Alltag einkehren.
Vielleicht sagen Sie es wirklich. Aber Sie meinen es nicht so. So cool ist keine Frau, dass sie den Schalter in Sekundenschnelle umlegen könnte. Dazu hat Ihr Herz zu heftig gepocht, und sind die Knie noch immer zu weich. Und selbst wenn Sie es könnten: Die Blamage lastet wie Blei auf Ihrer Brust.

Hilfe oder Häme?

Eine Peinlichkeit tritt in der Regel kurzfristig und situationsbezogen auf. Wir schämen uns, wenn andere unsere Fehler und Schwächen sehen können. Höfliche und sensible Menschen versuchen aber nicht, auf Ihrem Fauxpas herumzureiten. Sie helfen Ihnen, der Peinlichkeit möglichst schnell zu entrinnen, etwa indem sie Ihre unbedachte Äußerung, ungeschickte Handlung oder ungewolltes Fehlverhalten einfach ignorieren. Oft ist Ihren Mitmenschen die Situation ebenso unangenehm wie Ihnen. Machen Sie also nicht von sich aus auf das Malheur aufmerksam. Fangen die Umstehenden an freundlich zu lachen, stimmen Sie in den Chor mit ein. Man wird es Ihnen hoch anrechnen. Sollte allerdings jemand Sie der Lächerlichkeit preisgeben oder Schadenfreude zeigen, bemühen Sie sich, den Blickkontakt zu Ihrem Gegenüber zu halten, wechseln Sie am besten souverän das Thema und versuchen Sie, die Gesprächsführung zu übernehmen. Sagt Ihr Gegenüber zum Beispiel: »Sie werden ja knallrot im Gesicht«, dann können Sie entweder kontern: »Besser rot im Gesicht als grün hinter den Ohren.« Oder etwas von dieser Art: »Apropos rot, wie finden Sie diesen Rotwein?«

Denn für den Mann, in den Sie so verknallt waren, sind Sie jetzt einen Kopf kleiner. Vielleicht findet er Sie aber auch schon länger sympathisch und hatte sich bisher nicht getraut, Ihnen das zu sagen?

➪ Sie gehen sofort ins Parkhaus und fahren mit Ihrem Wagen dem Auto des Kollegen kräftig in die Flanke.
Klassische Übersprungshandlung. Versicherungsrechtlich leider nicht gedeckt, ein klarer Fall von vorsätzlicher Sachbeschädigung. Ein Frauen verstehender Richter wird jedoch die Ausnahmesituation erkennen und Milde walten lassen. Kann Ihnen egal sein. Die Delle, die Ihr Selbstbewusstsein durch den emotionalen Arbeitsunfall bekommen hat, ist auf jeden Fall größer als das Strafmaß. Wichtig ist für Sie jetzt nur das Gefühl, dass der, der die Delle verursacht hat, nicht völlig unbeschädigt aus dem Vorfall hervorgeht. Bei Woody Allen wäre es übrigens ein toller Showdown.

➪ Sie kündigen Ihren Job.
Aber vergessen Sie nicht, dass Ihnen zwei Monate lang das Arbeitslosengeld gesperrt wird. Wenn Sie Ihren Stolz behalten wollen, nehmen Sie diese Einbuße natürlich gern in Kauf. Denn schlimmer ist es, wenn der angehimmelte Kerl Ihnen jeden Tag über den Weg läuft und Sie von oben herab süffisant anlächelt. Sie bereuen nichts, auch wenn die Sache Ihnen peinlich ist. Immerhin haben Sie getan, was Ihnen Ihr Gefühl befohlen hat. Allerdings brauchen Sie Zeit, um sich neu zu sortieren.

Coco Chanel, die französische Modeschöpferin, hat einmal gesagt: »Ich bereue nichts im Leben – außer dem, was ich nicht getan habe.« Ein Ausspruch, über den Sie nachdenken sollten. Schlimmer als die Trümmer Ihres Egos wegzuräumen wäre es, wenn Sie Ihrer unerwiderten Liebe monatelang, vielleicht jahrelang hinterhergelaufen wären. Frauen spielen in Liebesdingen gern den passiven Part und warten darauf, dass der Mann ihnen den Hof macht. Doch das Leben ist zu kurz, um immer nur zu warten. Man muss Gelegenheiten beim Schopfe ergreifen. Auch als Frau. Das haben Sie getan. Gut so. Leider hat sich ein Trojaner in Ihrem Stammhirn eingenistet und alle vorhandenen Sicherungen herausgedreht. Das darf Ihnen nicht noch einmal passieren. Nehmen Sie sich ein Vorbild an Boris Becker. Der wusste genau, dass seine Lillybee Ja sagen würde, als er ihr bei *Wetten, dass ...?* einen öffentlichen Heiratsantrag machte. Der Sprung durch das brennende Rad war nur die Kür. Mit ihm brauchte er das Herz seiner Liebsten nicht mehr zu erobern.

Unheimliche Begegnungen der Dritten Art Manche Treffen sind Volltreffer

Es ist immer ärgerlich, mit Menschen zu tun zu haben, auf deren Bekanntschaft man gerne verzichtet. Zu dieser banalen Erkenntnis ist Britney Spears in nur 24 Stunden gelangt, was ihren Jugendfreund Jason Alexander betrifft. Allerdings 24 Stunden nachdem sie ihn geheiratet hatte. Diese Konstellation ist zum Glück eher selten und hier nicht gemeint.

Nicht außergewöhnlich sind aber jene Momente, in denen man Menschen begegnet, die man gerade so dringend braucht wie ein Loch im Kopf: Ausgerechnet die selbst ernannte Freundin, die seit Tagen auf einen Rückruf wartet, steht eine Reihe weiter an der Kinokasse … Der aufdringliche Kollege, für den der Begriff Bannmeile erfunden werden müsste, wenn es ihn nicht längst gäbe, ist auch auf der Vernissage … Der leicht genervte Herr, der einem nur widerwillig an der Kasse den Vortritt gelassen hat, weil man eilig zum Bus muss, hechtet abgehetzt auf qualmenden Socken in den gleichen Bus … Die ehemalige Teilhaberin, mit der Sie im Clinch liegen, sitzt im Flugzeug einen Meter schräg hinter Ihnen. Konnte man sich beim Einsteigen noch erfolgreich ins Bordmagazin vertiefen – spätestens bis zum Aussteigen dürften Sie die Bordshop-Angebote auswendig gelernt haben und müssen sich eine neue Strategie zurechtlegen.

In meinem Beruf ist es wahrscheinlicher, in Venedig von einer U-Bahn überfahren zu werden als auf einem gesellschaftlichen Ereignis nicht irgendjemanden zu treffen, dem man liebend gern aus dem Weg gehen möchte. Das ist gewöhnungsbedürftig, aber mit der richtigen Einstellung lassen sich auch solche Situationen ohne viel Aufsehen stressfrei und diplomatisch über die Bühne bringen. Im Prinzip sind unliebsame Spontan-Begegnungen eine Steilvorlage, um Dinge zu begradigen oder sogar zu Ihren Gunsten zurechtzurücken.

Denn Sie können davon ausgehen, dass Ihr Gegenüber die unverhoffte Konfrontation auch nicht gerade herbeigesehnt hat und vermutlich sogar noch dankbar ist, wenn Sie das Heft des Handelns in die Hand nehmen. Rumdrucksen und so tun, als würde man den anderen nicht bemerken, ist die denkbar schlechteste Variante, weil sie ganz offensichtlich zeigt, dass Sie nicht Herr des Geschehens sind und sich unwohl fühlen. Sie beweisen damit etwa die geistige Vorstellungskraft eines sonst nicht unintelligenten Hundes, den ein Bekannter in meinem Freundeskreis besitzt: Dieser Schnuffi glaubt allen Ernstes, er könnte unliebsame Szenen mit seinem Herrchen umgehen, indem er demonstrativ seinen Kopf wegdreht und in eine andere Richtung schaut, gerne mal stur auf eine weiße Wand. Offensichtlich in der superschlauen Annahme: Wenn ich mein Herrchen nicht sehe, kann mich umgekehrt mein Herrchen auch nicht sehen, und dann werden wir nicht bei Regen Gassi gehen. Damit ist die Situation bereinigt. Aus seiner Sicht zumindest.

Nun gehören Sie ja nicht zu der Spezies Lebewesen, die als Aperitif einen Eimer Wasser auf den Boden gestellt bekommt. Auch in verbreiteter Kombination mit mallorquinischem Sonnenbrand, gepanschtem Alkohol, unvorteilhaftem Bierbauch und einem langen Strohhalm bleibt es befremdlich, aber das nur am Rande. Daher kann man erwarten, dass Sie auch sonst nicht die Gepflogenheiten von Vierbeinern zeigen. Also: Ignorieren ist nicht standesgemäß, wenn Sie den aufrechten Gang beherrschen.

Was tun bei unliebsamen Begegnungen?

⇨ Sie ergreifen die Initiative und gehen auf die betreffende Person zu, wenn ein Kontakt früher oder später ohnehin unausweichlich ist.
Wie so oft ist auch hier Offensive die beste Verteidigung. Denn peinlich ist ja nicht, dass Sie sich am selben Ort befinden; es sei denn, Sie haben verhaltensauffällige oder sozial geächtete Vorlieben, aber das möchte ich nicht annehmen. Peinlich ist immer nur unsouveräner Umgang mit der Situation: wegschauen, rumdrucksen, die Flucht ergreifen oder auch angestrengt seine Aufmerksamkeit Banalitäten zuwenden – etwa der schönen Fensteraussicht auf den Parkplatz gegenüber.

⇨ Sie halten die Unterredung kurz und knackig, am besten, indem Sie das Thema und die Reaktionsmöglichkeiten vorgeben.
Sehr gut, damit machen Sie der Person von Anfang an klar, dass die Begegnung an Ort und Stelle zufällig ist und das auch bleiben sollte, sonst hätten Sie sich ja verabredet. Timing ist also entscheidend.

⇨ Sie machen eine lockere Bemerkung im Vorübergehen, auf die Ihr Gegenüber nicht gefasst ist. Im Kino etwa: »Ist Ihr Fernseher auch kaputt?« In einem Restaurant: »Ich dachte, Sie haben hier Hausverbot?« Auf einer Ausstellung: »Wir haben ja offensichtlich die gleichen Interessen. Gut, dass wir nicht auch noch das gleiche Kleid anhaben.« Wenn Ironie und eine gewisse Lockerheit angebracht sind, sind auch die Varianten wie »Gab's das Hemd auch in deiner Größe?« oder »Hast du heute Freigang?« möglich, die allesamt ein Ziel haben, nämlich mit einem freundlichen Grinsen zu verstehen zu geben: Hallo, ich habe dich gesehen, ich habe auch kein Problem damit, dir kurz (!) Hallo zu sagen, aber dabei wollen wir es auch bewenden lassen. Am besten, Sie schieben gleich den Hinweis hinterher, dass es Sie weiterzieht: ans Büfett, auf die Toilette, zu Ihrer Begleitung.
Sie betreiben Smalltalk, very small. Auch in diesem Fall – wie der Name schon sagt – hat sich die Konversation erfreulich schnell erledigt.

Es hat gar keinen Sinn, bei Zufallsbegegnungen umständlich zu erklären, warum Sie jemanden noch nicht zurückgerufen haben oder weshalb man sich bei irgendeinem Thema nicht einig ist oder war: Entscheidend ist immer nur der Einstieg ins Gespräch, weil keiner weiß, was man so unvermittelt sagen soll. Daher die Goldene Regel: Thematisieren Sie den unmittelbaren Kontext Ihrer Begegnung. In der Kinoschlange sprechen Sie über Ihre Kinogewohnheiten: »Das ist ein absoluter Zufall, ich gehe eher selten ins Kino, aber über diesen Film habe ich dies oder jenes gelesen.« Im Flugzeug sind ein Thema die engen Sitzreihen, mit deren Hilfe Sie die Kulanz Ihrer Krankenversicherung in Sachen Krankengymnastik testen könnten. Dümmlich ist im Flugzeug bekanntermaßen die Frage, ob der andere auch nach Hamburg fliegt. So was zeugt davon, dass Sie mit der Situation überfordert sind. Wenn Ihnen gar nichts anderes einfällt: »Herrlich, gleich gibt's wieder ein trockenes Käsebrötchen.« Danach können Sie sich problemlos über die geringere Servicequalität auf Binnenflügen austauschen und die Konversation ebenso bestimmt und souverän beenden, wie Sie das Gespräch begonnen haben.

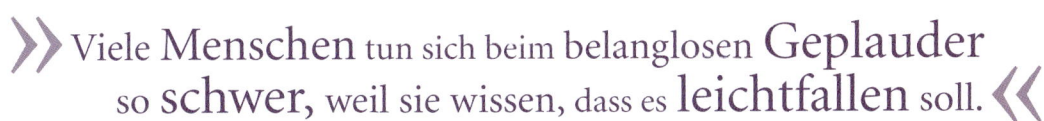

» Viele Menschen tun sich beim belanglosen Geplauder so schwer, weil sie wissen, dass es leichtfallen soll. «

Johann Peter Hebel (1760–1826), Schweizer Literat und Theologe

Peter?
Claus?
Robert?
...

Christine!

Hilfe, meine Festplatte ist leer! *Wissen Sie überhaupt, wen Sie vor sich haben?*

Als Brad Pitt im Januar 2009 ins CineStar-Kino am Potsdamer Platz in Berlin zur Deutschland-Premiere seines Films *Der seltsame Fall des Benjamin Button* kam, hatte er viele Hände zu schütteln. Kollegen, Kumpel, Journalisten, PR-Volk – alle wollten mit dem Mimen ein Wort wechseln oder auch zwei. Als Pitt später gefragt wurde, worüber er mit all den Leuten geredet habe, zuckte er die Achseln und sagte: »Weiß ich nicht mehr. Ich kannte die meisten ja gar nicht.«

Stars kennt man. Sie kennen niemanden, müssen sich aber mit allen unterhalten. Fernsehkoch Alfons Schuhbeck passiert es, dass Wildfremde auf ihn zustürzen und von dem tollen Rezept schwärmen, das er ihnen mal verraten haben soll. Ein Gast seines Restaurants? Teilnehmer eines Kochkurses? Jemand vom Showkochen? Oder die Frau seines Bankers? Keine Ahnung. Hans-Dietrich Genscher hat einmal bekannt, einer hübschen Dame auf einem Presseball mehrere Tänze gewährt und sich prächtig mit ihr unterhalten zu haben, er wisse nur nicht, wer die Frau gewesen sei. Kein Wunder bei dem Pensum des früheren Außenministers. Manchmal soll er sich über dem Atlantik selbst mit dem Flugzeug begegnet sein. Pikant wird's, wenn eine gealterte Blondine sich keck unter Sylvester Stallones Arm klemmt und von den schönen gemeinsamen Zeiten damals säuselt, Mr. Rambo aber keine Ahnung hat, wer die Dame ist.

Schall und Rauch im Kopf, aber kein Name

Oft ist es sehr wichtig zu wissen, wer Sie so herzlich begrüßt, so nett anspricht, so lieb auf die Wange küsst. Ein früherer Bekannter? Ehemaliger Kollege? Eine Schulfreundin? Eine Partybekanntschaft? Oder ist das ein Kunde, dessen Gesicht Sie vergessen haben, der sich aber genau an Sie erinnert? Dann hängt von der Begegnung eine Geschäftsbeziehung ab. Sie sind gerade auf Ihrem Messestand, als der Unbekannte Ihnen strahlend die Hand drückt und Sie begrüßt: »Schön, dass wir uns mal wieder sehen. Wie geht's Ihnen?«
So gut wie Brad Pitt können Sie natürlich auch lügen: »Danke, gut. Freut mich auch sehr.« Doch Ihr Lächeln wirkt etwas verkniffen, denn Ihr Speicher ist leer. Null Eintrag zu diesem Gesicht. Der Unbekannte erinnert Sie wortreich an eine Zusage vom letzten Jahr, Ihr Angebot zu prüfen und dieses Jahr vielleicht eine Erstorder zu schreiben. Sie dürfen sich jetzt auf keinen Fall ausloggen, Sie müssen ihm Ihre ganze Aufmerksamkeit schenken. Aber: Was will er nur ordern?
»Es bleibt doch bei dem Angebot?«, will er wissen.
»Selbstverständlich«, fantasieren Sie.
»Und die Lieferzeiten?«
»Wie angegeben«, sagen Sie mutig, denn Sie wissen ja nicht, welches Angebot er meint und was angegeben war. Seine Bemerkung über Ihren Kundenbesuch damals macht Sie leider nicht schlauer.
»In Krefeld?«
»Nein, in Stuttgart!«
»Natürlich, jetzt erinnere ich mich wieder«, drücken Sie schnell auf die Korrekturtaste. Zum Glück hat er nichts gemerkt.
»Wir hatten 3,5 Prozent Rabatt und 0,8 Prozent Werbekostenzuschuss vereinbart.« Wieder Details, die in keinem Filter bei Ihnen hängen geblieben sind. Und dann lacht er noch frech: »Ich habe ein gutes Gedächtnis.«
Ein grausig gutes sogar! Schon steht Ihnen der Schweiß auf der Stirn. Aber der Suchlauf durch Ihre Hirnwindungen hat leider nichts hervorgebracht.
»Ich weiß sogar noch, was für ein Kostüm Sie trugen«, sagt er zu Ihrem größten Entsetzen. Sie lachen gequält und erröten. Der Kerl wird persönlich! Vielleicht erinnert er sich auch noch an den Nagellack, das Parfum, an Ihren Vornamen.

Aber Sie müssen freundlich bleiben. Er ist der Kunde. Sie dürfen nicht sagen: »Ich würde Sie gern auf den Mond schießen.« Sie müssen tun, als hätten Sie ein Jahr lang nur auf ihn gewartet. Immerhin ist Ihr Humor noch intakt: »Das Kostüm wurde aber nicht im Angebot festgehalten, oder?«

Er kichert. »Aber das Zahlungsziel. Können Sie es mir noch einmal nennen?« Nun rinnt auch der Achselschweiß. Hätten Sie doch gleich gefragt, wer er ist! Hätten Sie doch gleich um sein Kärtchen gebeten, auch wenn er enttäuscht gewesen wäre, dass Sie ihn offenbar vergessen haben. Sicher, Sie könnten Ihren Laptop holen und das Angebot aufrufen. Aber was sollen Sie eingeben, um es zu finden? Kein Name. Keine Firma. Kein Datum. Nur Friedhof.

Sie werden sich noch lange winden wie ein Wurm, damit der Kerl nichts merkt. Und die Hoffnung, ihn doch noch im Papierkorb Ihres Gedächtnisses wiederzufinden, schwindet von Satz zu Satz. Bald wird einer der Kollegen am Messestand auf Ihre missliche Lage aufmerksam werden und Ihnen beispringen wollen. Dann müssten Sie ihm Ihren Gesprächspartner vorstellen. Ohne zu stottern. Peinlich! Am liebsten möchten Sie wegrennen. Wenn Sie nur wüssten, wie sich Brad Pitt, Luca Toni und die anderen in so einer Situation retten!

Sie sprechen ausgiebig mit jemandem, der Sie kennt, und wissen seinen Namen nicht. Wie retten Sie sich?

⇨ Wenn Sie merken, dass Ihnen der Name nicht mehr einfällt, schalten Sie auf Vorwärtsverteidigung um und bekennen: »Können Sie mir helfen, ich weiß leider überhaupt nicht mehr, wer Sie sind.«

Sie sind lustig! Erst sich eine Viertelstunde lang angeregt unterhalten und dann fragen, wer die Person eigentlich ist. Ihnen fehlt offenbar jegliches Gespür für die Situation, in der Sie sich befinden. Mit diesem offenen Geständnis können Sie nur ganz zu Beginn eines Gesprächs aufwarten.

⇨ Sie unterbrechen das Gespräch, entschuldigen sich mit einem anderen Termin oder sagen einfach »Ich muss jetzt leider weiter«, und entschwinden grußlos. Wenn Sie Luca Toni oder irgendein Weltrekordler wären, dürften Sie das. Die geben einem mitten im Satz einen netten Klaps auf die Schulter und lösen sich in Luft auf. Sie sind der Star, die anderen nur das notwendige Übel. Der Klaps auf die Schulter reicht manchmal dafür aus, dass ihre Bewunderer sich an der Stelle tagelang nicht waschen. Im Geschäftsleben sind manche Kunden zwar auch nur ein notwendiges Übel. Doch dieses Übel will gestreichelt und hofiert werden. Sonst löst es sich seinerseits in Luft auf.

➪ Sie unterhalten sich ganz zwanglos, fragen nicht nach, widersprechen nicht, lächeln zustimmend, wenn Ihr Gesprächspartner Sie auf irgendein gemeinsames Erlebnis oder eine Ihnen unbekannte Korrespondenz anspricht. Und wenn er Sie fragt, ob Sie sich noch erinnern können, antworten Sie wie Brad Pitt: »No.« Ist Ihr Gegenüber irritiert und möchte sicher sein, dass Sie wissen, wer er sei, sagen Sie: »Yes, you're a nice guy.«
Klasse! Aber leider sind Sie weder Brad Pitt noch Angelina Jolie. Dann stünden Sie auch nicht auf diesem Messestand. Noch bedauerlicher ist, dass Sie auch bald kein Vertriebsmanager mehr sein werden. Dann nämlich, wenn die Mail des namenlosen Fremden auf dem Blackberry Ihres Chefs angekommen ist.

>> Ich treffe so viele Leute, ich kenne nicht einmal die Namen meiner Freunde. <<

Paris Hilton (*1981), US-amerikanische Hotelerbin

➪ Sie gehen in die Offensive, erzählen von den tollen Innovationen Ihrer Firma, kommentieren die neuesten Branchennachrichten, erwähnen die neue Preisliste. Ihr Gesprächspartner kommt so gar nicht auf die Idee zu fragen: »Sie wissen doch, wer ich bin?« Schließlich reichen Sie ihm Ihre Visitenkarte. Wenn er Ihnen dann nicht automatisch die seine gibt, helfen Sie nach: »Ihre Adresse ist die gleiche geblieben?«
Sie sind – bis auf Ihr löchriges Gedächtnis – ein Profi. Sie wissen genau, dass Sie im Unterschied zu Brad Pitt nach einer Viertelstunde Ihrem Gesprächspartner nicht mehr beichten können, dass er ein Phantom für Sie ist. Sollten Ihre Geschichten aus 1001 Nacht ihn wider Erwarten nicht überzeugen und sollte er Zweifel hegen, ob Sie wirklich wissen, wer er ist, antworten Sie einfach: »Selbstverständlich!« Und fabulieren munter weiter. Wenn er mit Zahlungszielen und Werbezuschüssen kommt, winken Sie ab: »Über Details reden wir später.«
Fühlt er sich am Ende trotz Ihres Drängens nicht bemüßigt, seine Karte herauszurücken, laden Sie ihn zu einem Gewinnspiel ein, bei dem er das Kärtchen in eine Lostrommel stecken muss, um zu gewinnen. Tut er auch das nicht, können Sie sicher sein: Er ist kein Kunde. Er will nichts ordern. Er will *Sie* gewinnen.

Mehr Schein als Sein

Die Reife-Prüfung

Modekult und Botoxsucht – der Muskelkater allein reicht nicht mehr aus als Lebenselixier. Heute gilt: neue Lippen – neues Glück. Aber wer dem Alter die Stirn(-falten) bietet, kann auch ganz schön auf die frisch operierte Nase fallen.

Die Alterslüge
Kleine Geheimnisse erhalten die Freundschaft

Wissen Sie, was einen Star von den Normalsterblichen unterscheidet? Ganz einfach: Sie als Normalo werden älter, der Star wird immer jünger! Modedesigner Karl Lagerfeld etwa lud am 10. September 2008 zu seinem 70. Geburtstag. Die Gäste vermuteten, dass er 75 wurde. Die gewöhnlich gut informierte *Bild am Sonntag* hatte schon 2003 über des Kleiderkünstlers wundersame Verjüngung berichtet, als der laut Taufurkunde 70-Jährige plötzlich wieder 65 wurde und eine große Geburtstagsparty schmiss. Die Anwesenden haben sich trotzdem amüsiert. Ich treffe Karl Lagerfeld jedes Jahr bei den Prêt-à-porter-Schauen in Paris: ein sehr sympathischer Mann mit Esprit und Charme – daher Schwamm drüber. Bei Unsterblichen spielen Zahlen sowieso keine Rolle.

Äußerst kreativ gingen und gehen auch manche alte Diven mit ihrem Geburtsdatum um. Nehmen Sie die heiratswütige Zsa Zsa Gabor, vor der, wenn sie den Raum betritt, alle Männer panikartig die Flucht ergreifen – die das noch ohne fremde Hilfe können. Offiziell gilt 1917 als ihr Geburtsjahr. Doch das ist nur die populärste der verschiedenen publizierten Angaben, die von 1917 bis 1930 reichen. Auch die selige Marlene Dietrich machte sich gern drei Jahre jünger, als sie war. Elizabeth Taylor tut es noch heute. Und Anastacia, die Pop-Diva mit der dunklen Soul-Stimme, trug die getönte Brille, ihr Markenzeichen, auch nur, um die kleinen Krähenfüße in ihren Augenwinkeln zu verbergen. Jedenfalls tauchte sie nach der Heirat mit ihrem Bodyguard Wayne Newton plötzlich ohne Brille in der Öffentlichkeit auf und war von einem Tag auf den anderen um sechs Jahre gealtert – auch in ihrer Biografie.

❯❯ Alt werden will jeder, alt sein will niemand. ❮❮

Deutsches Sprichwort

Was die Stars vormachen, probieren auch die Normalsterblichen: Also die lebenslustigen Arztwitwen, die gereiften, aber jung gebliebenen Gentlemen mit der ritterlichen Gesinnung, die unternehmungslustigen Lehrerinnen mit Zeit und breit gestreuten Interessen – also die, deren Heiratsanzeigen Sie wöchentlich in der Zeitung lesen. Pensionäre, Rentner, Ruheständler: Alle sind sie sportlich, top-fit und mindestens zehn Jahre jünger aussehend. Warum trifft man diese Menschen nie auf der Straße? Manche geben ihr Alter gar mit gefühlten 40 an, nur weil sie beim Treppensteigen noch keine Gehhilfe benötigen.
Die Alterslüge ist also keine Marotte der Promis allein. Sich jünger zu machen ist auch außerhalb des Showbusiness weit verbreitet. Bei den Best Agers sowieso, aber auch bei den Dreißig- und Vierzigjährigen – den echten! Wenn Sie etwa einen Job als Verkäuferin suchen, als Kindermädchen, Pflegekraft, Büroaushilfe, Arzthelferin: Überall erwartet Sie »ein junges Team« von flexiblen Mitarbeitern, die, so schließen Sie aus den Stellenbeschreibungen, über jede unbezahlte Überstunde, die sie ableisten dürfen, in Jubel ausbrechen. Vielleicht traut man Ihnen mit Ihren 35 Jahren nicht mehr zu, »hochmotiviert und belastbar« zu sein. Und die Rolle derjenigen, die den Altersdurchschnitt hebt, möchten Sie auch nicht unbedingt spielen. Was müssen Sie also tun, um den Job zu kriegen? Klar: jünger werden. Zumindest beim Erstkontakt am Telefon.
Noch problematischer kann sich Ihr fortgeschrittenes Alter bei privaten Bekanntschaften auswirken, die Sie nach Feierabend machen. Wollten Sie etwa zugeben, dass Sie schon über dreißig sind, wenn Sie bei *Parship* von einem coolen Til-Schweiger-Typ angechattet werden? Würden Sie, wenn Sie einer langbeinigen Blondine auf dem Golfplatz den Wagen schieben dürfen, sofort erzählen, dass Sie Mitte vierzig sind und schon zwei Bypässe tragen?

Klar: Sollte es zwischen Ihnen und Ihrer Bekanntschaft funken, dürfte irgendwann die Stunde der Wahrheit schlagen. Dann müssen Sie Alter bekennen. Einen Personalausweis zu fälschen ist schwierig, und ihn ständig vergessen zu haben, ist für Ihren Begleiter auf Dauer auch nicht sehr vertrauenerweckend. Irreführende Angaben in Ihren Bewerbungsunterlagen zu machen kann sogar zu Annullierung des Arbeitsvertrags führen. Also brav auf dem Teppich bleiben, solange Sie keine Marlene Dietrich sind. Und wenn Sie hier und da ein wenig flunkern, bereiten Sie sich auf den Moment vor, in dem Sie beichten müssen.

Sie haben mit dem Alter geschummelt: Welche Ausreden haben Sie parat, wenn's rauskommt?

⇨ Wenn der Chef den Widerspruch zu Ihrer mündlichen Altersangabe bemerkt, antworten Sie einfach: »Huch, da habe ich mich wohl verrechnet.«
Der Chef, der Ihnen diese Antwort durchgehen lässt, muss einen Narren an Ihnen gefressen haben. Kommt heutzutage leider selten vor. Privat könnte Ihnen diese Antwort mit etwas Glück als charmant ausgelegt werden. Vielleicht sind Sie sogar an einen geraten, dem ein Milchmädchen zu klug ist.

⇨ Sie beharren auf Ihrem falschen Alter und berufen sich nicht auf die gängige christliche, sondern die islamische Zeitrechnung, bei der das Lebensalter nach 34 Jahren erst einmal stehen bleibt.
Dann müssen Sie konvertieren. Sonst könnte es irgendwann eng werden für Sie.

⇨ Sie lassen es darauf ankommen und genießen Ihre Verjüngung so lange wie möglich. Wenn die Stunde der Wahrheit kommt, geben Sie die Alterslüge zu – natürlich mit allen Konsequenzen, auch den negativen.
Warum nicht? Wenn Sie einander sympathisch sind, spielt das Alter meist keine große Rolle mehr. Der Personalchef wird Ihr Geflunkere missbilligen, aber Ihre Tüchtigkeit schätzen. Und wenn Ihre neue Bekanntschaft Ihnen nicht sofort verzeiht, lassen Sie sie fallen. Sich an ein falsches Alter zu klammern, bedeutet Stress, und der macht noch älter. Vielleicht haben Sie auch bemerkt, dass das junge Team, das Sie erwartet, ebenfalls nicht mehr so taufrisch ist. Dass der coole Til-Schweiger-Typ Haarausfall hat und der erfolgreiche Unternehmer, der sich auf Ihre Heiratsanzeige meldet, ein Kioskbesitzer mit Bierbauch ist … Den Richtigen erkennen Sie daran, dass er nie nach Ihrem Alter fragt. Er weiß es.

100% BIO

No Body is perfect
Lügen im Namen der Schönheit

Nicht nur beim Alter wird geschummelt, sondern auch bei der Optik: hier eine Po-Straffung, da eine Fettabsaugung oder Brustvergrößerung. Von geglätteten Falten, volleren Lippen, begradigten Nasen, Lidkorrekturen und verödeten Krampfadern ganz zu schweigen. Schönheitswahn? Lässliche Sünden? Der Witz ist, dass solche Korrekturen keineswegs nur Frauen vornehmen lassen, die der liebe Gott benachteiligt hat. Selbst Supermodel Naomi Campbell kommt ohne Korrekturen nicht aus – besonders bei den Wimpern. Die impulsive Dunkelhäutige besucht alle sechs Wochen eine Klinik, um sich für 500 Euro die Wimpern verdichten zu lassen. Hollywoodstar Jennifer Lopez' tiefbraune Augen sind unter anderem deshalb so schön, weil sie von Wimpern aus Nerzhaaren gekrönt sind (Tierschützer waren *not very amused,* als sie davon erfuhren). Kate Moss, das Model aus dem englischen Regen, ist auch nicht immer mit sich zufrieden. Auf einem Foto waren ihre Wimpern so auffällig lang, dass Leserinnen protestierten. Die Kosmetikfirma Rimmel zog das Motiv mit der schönen Kate schnell zurück.

Nobody is perfect – aber jede möchte es sein. Kajal, Lippenstift, Haartaft, Strähnchen, Epilage und Naildesign gehören längst zum Alltag der Frau. Niemand nimmt Anstoß an künstlichen Fingernägeln. Niemanden stört es, wenn graue Haarsträhnen getönt werden. Niemand regt sich über einen Push-up-BH auf, auch wenn er aus einem trüben Etwas bisweilen ein Monsterbusen formt. Die Fotos vom Oktoberfest-Auftritt 2007 der heutigen Frau Becker sind noch gut im Gedächtnis. Sich Wimpern anzukleben, ist heute das Normalste der Welt. Heidi Klum tut es, wenn sie im Blitzlicht steht. Jennifer Aniston tut es. Und selbst Michelle Obama gibt es offen zu. Also ist der Anblick einer Frau, die abends ihre Wimpern abnimmt, so peinlich wie abendliches Zähneputzen, nämlich überhaupt nicht.

Umstritten ist hingegen, ob man mit dem Messer nachhelfen darf, wenn eine Körperpartie nicht ganz nach Wusch geraten ist. Oder ob man unliebsame Oberlippen- und Augenfältchen unterspritzen darf, etwa mit Hyaluronsäure oder Botox. Letzteres Präparat unterbricht die Impulsübertragung auf den Gesichtsmuskel: ein neurotoxisches Protein, sprich Nervengift. Durch die Lähmung des Muskels wird die betreffende Gesichtspartie gestrafft. Gesundheitsgefährdend ist die Behandlung nicht. Aber spottverdächtig. Denn wenn der Schönheitsdoktor die Spritze nicht fachgerecht oder zu oft ansetzt, erntet die Patientin später mehr Mitleid als Bewunderung. Der Anblick mancher Frauen, die sich haben liften lassen, kann wirklich verstörend sein: So maskenhaft, so steif wirken ihre Gesichtszüge, dass man denken könnte, sie seien im letzten Winter eingefroren und nicht wieder aufgetaut. Der Preis für glatte Haut kann hoch sein.

Noch höher ist der Preis eines chirurgischen Eingriffs – jedenfalls in pekuniärer Hinsicht. Wer an seinen Problemzonen schnippeln lassen will, sollte früh mit dem Sparen beginnen. Unter 3000 Euro gibt es in Deutschland keine fachgerechte Brustvergrößerung, Oberschenkelstraffung ab 4000 Euro. Sei's drum: Nicht jede Frau hat das Glück, die Figur einer Carla Bruni zu besitzen. Viele sind unglücklich über die kleineren und größeren Unwuchten ihres Körpers. Sie leiden unter mangelndem körperlichem Selbstbewusstsein, unter Nichtbeachtung, womöglich auch unter kränkenden Bemerkungen. Kosten, Schmerzen und Risiko nehmen sie deshalb in Kauf, wenn es mittels Skalpell möglich ist, den als unschön empfundenen Zustand zu beenden. Die Narben freilich, die soll niemand sehen.

》》 Liebe zur Schönheit ist Geschmack.
Das Schaffen von Schönheit ist Kunst. 《《

Ralph Waldo Emerson (1803–1882), US-amerikanischer Essayist

Was sagen Sie, wenn ein Mann, vielleicht auch eine Frau, Sie auf Ihre geschönten Partien anspricht?

➪ Sie kriegen einen Schreck und streiten ab, der Natur nachgeholfen zu haben.
Wenig aussichtsreich. Ist die Skepsis erst einmal geweckt, gucken alle noch genauer hin als vorher, vor allem die, die Sie schon vor dem Eingriff kannten.

➪ Sie streiten kleinere kosmetische Korrekturen nicht ab, sagen aber, dass auch Kylie Minogue, Nicole Kidman, Katie Price, Cher, Madonna und Hunderte anderer Promis keine reinen Naturschönheiten mehr sind.
Okay. Aber den Hinweis auf die Stars können Sie sich sparen. Mit denen vergleicht Sie sowieso niemand. Es selbst zu tun, wäre erst recht peinlich.

➪ Sie antworten kess: »Huch, haben Sie das auch schon gemerkt?«
Etwas schnippisch, kann aber durchaus angebracht sein, je nachdem, wer Sie anquatscht und in welcher Situation und vor allem in welchem Ton. Will man Sie bloßstellen, dürfen Sie zynisch reagieren: »Nicht jeder schafft's mit Yoga und Trennkost zur Idealfigur.« Oder richtig zickig: »Nicht jeder Mensch ist so eine Naturschönheit wie Sie.« Mit dieser Antwort dürfte die Beziehung zu der Person allerdings beendet sein.

➪ Sie reagieren ganz cool und antworten: »Aha, es gefällt Ihnen.« Oder besser: »Ich hoffe, ich gefalle Ihnen so, wie ich bin.«
Sehr diplomatisch. Sie lassen offen, ob Sie irgendwo nachgeholfen haben oder nicht. Wie Politiker, wenn heikle Themen auf den Tisch kommen: weder bestätigen noch dementieren, sondern den nervigen Frager im Unklaren lassen. Schließlich geht es – außer Ihren Mann und gegebenenfalls enge Freunde oder Freundinnen – niemanden etwas an, ob Sie beim Schönheitschirurgen waren. Brust, Bauch und Po sind, wenn man sie nicht gerade bewusst zur Schau trägt, sowieso Sperrbezirk für neugierige Blicke und freche Kommentare. Natürlich können Sie niemandem verbieten, sich über Ihren Körper Gedanken zu machen. Aber Sie darauf anzusprechen, ist stillos.

Schlagfertig rausgeben

Sie sagen zu einem Freund: »Du siehst heute wieder fantastisch aus.« Er erwidert: »Danke, tut mir leid, dass ich das Kompliment nicht zurückgeben kann.« Sie lachen: »Mach's doch wie ich: Lüg einfach!«

Kleider machen Leute
Und was machen Leute ohne Kleider?

In vielen Fragebögen, die Zeitungen oder Zeitschriften an Prominente verschicken, taucht diese Standard-Fangfrage auf: Wem möchten Sie auf keinen Fall in der Sauna begegnen? »Einem Fotografen!«, lautet die erste, stereotype Antwort nahezu aller Befragten. Die Angst, dem Objektiv einer Kamera hüllenlos preisgegeben zu sein, ist der Albtraum schlechthin für alle, die in der Öffentlichkeit stehen. Ob aus Film oder Fernsehen, aus Wirtschaft oder Politik, jeder will zunächst einmal seine eigene Haut retten, bevor er umgekehrt überlegt, wessen Anblick er seinen eigenen Augen zumuten will.

Der Abwehrreflex ist verständlich. Die privaten Schwächen der Promis, nackte Tatsachen eingeschlossen, erregen heutzutage mehr Neugier als ihre Erfolge im Berufsleben. Und ein ästhetischer Genuss ist nicht immer, was dabei herauskommt. Glücklicherweise war kein Paparazzo anwesend, als Helmut Kohl und Boris Jelzin 1997 in Sawidowo nördlich von Moskau zusammen in der Sauna saßen und die Weltpolitik besprachen. Der Respekt vor hohen Ämtern wird durch intime Einblicke in die Schweißdrüsenaktivität von Politikern sicher nicht größer. Deshalb war das Gebiet um den Konferenzort auch weiträumig abgesperrt. Außer dem damaligen Finanzminister Theo Waigel, einem Dolmetscher und einem Diener, der voll bekleidet die Aufgüsse besorgte, war niemand zugegen. Horst Köhler, seinerzeit Staatssekretär unter Waigel, hatte es vorgezogen, in den Wäldern von Sawidowo spazieren zu gehen.

Ob Montserrat Caballé sauniert, ist nicht bekannt. Falls ja, ist auch ihr garantiert daran gelegen, die Öffentlichkeit auszuschließen. Außer voyeuristischen gibt es keinerlei Gründe, sie dabei zu beobachten. Wir alle wollen Señora lieber majestätisch in großer Robe auf der Bühne sehen, statt ihr nackt in der Sauna zu begegnen. Freiluftoper ist schließlich nicht jedermanns Sache. Karl Dall möchte man auch lieber vor dem Mikrofon blödelnd erleben.

Es geht dabei nicht um Idealmaße, Waschbrettbauch, Sympathie oder Antipathie. Eigentlich geht es um das Bild, das wir von jemandem im Kopf haben, und darum, dass wir es besser finden, es bei diesem Bild zu belassen. Nehmen wir als Beispiel den japanischen Kaiser oder die amerikanische First Lady, Barack Obamas Gemahlin. Die konservative Fraktion der US-amerikanischen Gesellschaft stöhnt ja schon, wenn Michelle Obama bei offiziellen Anlässen mit einem ärmellosen Kleid erscheint. Eine Präsidentengattin zeige nun mal keine Haut, auch wenn die Oberarme eine Augenweide sind.

Auch mit Schönheit oder Alter haben unsere Saunawünsche nichts zu tun. Eine begnadete deutsche Schauspielerin wie Nina Hoss *(Das Mädchen Rosemarie)* auf der Bühne oder im Kino zu erleben, ist ein Vergnügen. Ihr in der Sauna zu begegnen, wäre aber auch nicht aufregender als andere junge, gut aussehende Frauen schwitzen zu sehen. Und Autogramme werden in der Sauna bekanntlich nicht gegeben. Selbst eine talentierte Komikerin wie Anke Engelke, ein schlanker Joschka Fischer, ein Gewinnertyp wie Stefan Raab oder eine schrille Nudel wie Hella von Sinnen – die Idealbesetzung für eine gemischte Sauna sind sie alle nicht. Natürlich ständen die Paparazzi Schlange, wenn diese sie gemeinsam in der Schwitzkammer wüssten, aber Normalos wünschen sich andere Mitschwitzer. Wenn dann noch die mit Tattoos übersäte Amy Winehouse hereingeschwankt käme, wäre es für normale Saunagänger gar nicht mehr auszuhalten.

》Im **Paradiese** selber **träfe** man wohl einen an,
den man **nicht leiden kann.** 《

Conrad Ferdinand Meyer (1825–1898), Schweizer Dichter

Vergessen Sie die Promis. Ihnen werden weder Joschka Fischer noch der japanische Kaiser in der Sauna über den Weg laufen. Aber vielleicht Ihr oberster Boss. Oder die Neue Ihres Ex. Oder – unangenehmer noch – Ihr Nachbar. Der, den Sie im Treppenhaus schon einmal angegiftet haben, weil er seine ausgelatschten Schuhe immer vor der Wohnungstür abstellt und Sie durch den Spion in der Tür beobachtet, wenn Sie spät nach Hause kommen – ausgerechnet diesem Oberspießer, den Sie mit kalten Blicken strafen, wenn Sie ihm im Supermarkt an der Kasse begegnen, präsentieren Sie sich ungewollt von Ihrer intimsten Seite. Und das an einem Tag, auf den Sie sich schon lange gefreut haben, an dem Sie endlich mal richtig abschwitzen wollten in der Anonymität einer Großstadtsauna, an dem Sie sich entspannen und regenerieren wollten.

Den ersten Saunagang haben Sie bereits hinter sich, da sehen Sie diesen Kerl im Tauchbecken auftauchen, ohne Badehose und laut schnaubend wie ein Walross. Sie erkennen ihn sofort am Gesicht. Sie werfen den Kopf zwar zur Seite und machen die Biege, um rasch im Schwitzraum zu verschwinden. Zu spät: Er hat Sie gesehen, und er hat Sie erkannt. Gleich darauf sitzt er neben Ihnen. Frechheit! Zum Glück hocken noch andere Gäste auf den Bänken. Doch nach fünf Minuten sind Sie mit ihm allein – schutzlos seinen Blicken preisgegeben. Eigentlich könnte Ihnen der Typ egal sein. Aber Sie ärgern sich, dass die zwei Kilo, die Sie zu viel auf die Waage bringen, immer noch nicht weg sind, dass Sie nicht längst die Besenreiser am Bein haben entfernen lassen. Dass Sie seit Monaten schon nicht mehr auf dem Crosstrainer gewesen sind. Wenn Sie sich doch nur wegbeamen könnten!

Was tun Sie, wenn Sie mit jemandem, den Sie nicht ausstehen können, allein in der Sauna landen?

⇨ Sie machen auf dem Absatz kehrt und verlassen die Sauna sofort, nicht ohne mit dem Handtuch keusch Ihre Blößen zu bedecken.
Manchmal der beste Weg, um sich aus einer Klemme zu befreien. Aber ärgerlich, denn Sie hatten sich auf einen entspannten Saunanachmittag gefreut.

⇨ Sie tun, als bemerkten Sie ihn gar nicht.
Klar, Sie können sich tot stellen. Ist aber lächerlich, denn er weiß genau, dass Sie wissen, wer er ist. Und Schweigen ist stressig. Außerdem könnte es sein, dass er Sie anspricht, wenn Sie es nicht tun. Dann sind Sie in der Defensive und

müssen, wenn Sie nicht unsouverän wirken wollen, mit ihm ein paar Sätze wechseln. Am besten nicken Sie ihm deshalb gleich am Anfang zu und zeigen damit, dass Sie ihn erkannt haben. Wenn Sie ihn danach mit Nichtbeachtung strafen, weiß er genau, dass Sie sich nicht mit ihm zu unterhalten gedenken.

➡ Sie bitten den ungebetenen Saunapartner, den Schwitzraum zu verlassen.
Das ist frech. Denn Sie wissen, dass er genau wie Sie ein Recht hat, sich dort aufzuhalten. Aber das ist Ihnen egal. Sie wollen jetzt gar nicht höflich sein. Sie wollen Zähne zeigen. Dass er Ihrer Aufforderung nicht folgt, ist schon klar. Aber er wird spätestens jetzt wissen, dass er Ihnen nicht zu nahe kommen soll. Auch mit Blicken nicht.

➡ Sie fragen: »Wissen Sie zufällig, wann hier Frauensauna ist?«
Die Frage lässt an Deutlichkeit nichts zu wünschen übrig. Für den Saunanachbarn ist sie natürlich eine Provokation. Soll er mal kontern, wenn er kann! Jedenfalls zeigen Sie, dass Sie nicht bereit sind zu kuschen. Leider ändert sich Ihre Lage dadurch nicht. Denn der Kerl wird kaum so feinfühlig sein und sich diskret zurückziehen. Sie bleiben also den Blicken Ihres Gegenübers ausgesetzt.

Nice to know: andere Länder, andere Saunasitten

Wollen Sie im Ausland ein Saunabad nehmen, sollten Sie tunlichst auf die Kleidervorschriften achten. Denn keinesfalls geht man überall nackend aufs heiße Holz. Selbst in Ländern, wo eigentlich die Freikörperkultur gepflegt wird, ist vor allem in Hotels der Trend zu Badehose oder Bikini zu beobachten. Gemischte Saunen sind insgesamt weltweit eher selten. Nacktschwitz-Gebiete sind Deutschland, Österreich, Estland, Lettland, Schweden, die Beneluxstaaten, die Deutsche Schweiz, Südtirol, Kroatien. In all diesen Ländern gelten verschwitzte Badetextilien als unhygienisch und unappetitlich. Im Sauna-Mutterland Finnland verzichtet man sogar auf die Frotteeunterlage, in Slowenien selbst auf die Badelatschen.
Laut Deutschem Sauna-Bund herrscht in Nordamerika, Brasilien, Großbritannien, Spanien, Italien, Russland, Japan und selbstverständlich allen islamischen Ländern strikte Textil-Pflicht. Auch in Frankreich sind Badehose und Bikini angebracht, sogar, wenn Frauen oder Männer unter sich sind. Carla Bruni, Ehefrau des Präsidenten Nicolas Sarkozy, erhitzte die Gemüter, als sie hüllenlos in einer Sauna gesehen wurde. Geändert hat das für die Franzosen nichts; sie bleiben zurückhaltend – und bedeckt.

Freunde und Fremde

Der Alltag und andere Abgründe

Eigentlich haben wir ja alles. Wir müssten einander nichts schenken. Und wenn doch, dann bitte keine Staubfänger. Eher ein Buch über Fußballregeln oder ein Spiel fürs Gedächtnistraining? Und den Kassenbon aufheben, des Umtauschs wegen.

Na so was Schönes aber auch!

Geschenkt ist noch zu teuer

Geschenke sind eine schöne Sache. Sie erfreuen den Beschenkten, was wiederum den Geber rührt. Das schönste Geschenk, abgesehen von der Liebe, die man jemandem schenken kann, ist eines, das völlig unerwartet ist. Ist es nicht toll, wenn einem die Nachbarin – einfach so – einen Gugelhupf backt? Man findet ihn mit einem Zettel vor der Tür: »Für Euch!« Man wundert sich, fragt nach, und da sagt sie: »Ich hatte Lust, was für euch zu backen. Ihr seid so nette Nachbarn.« Ein Geschenk von Herzen, ganz ohne Hintergedanken. Kein Weihnachtsdruck, kein Geburtstagszwang. Super.

Bevor Hansi Hinterseer gleich anruft und die Plattitüden für seine Songtexte zurückhaben will, weiter mit dem schrecklichen Teil des Schenkens: Denn Geschenke sind etwas Furchtbares. Sie können den Beschenkten in echte Gewissensnöte bringen. Nur Kinder erklären dem Schenkenden unverhohlen, was sie von diesem Paar weiß-blauer Socken halten: gar nichts, was irgendwie unfair ist, wenn man bedenkt, wie viele hässliche Salzteigschilder Kinder im Laufe ihrer

Kindergartenjahre verschenken … Aber eigentlich ist es ja die Geste, die zählen sollte, nicht das Geschenk. Aber dann sollte Tante Pia ihren handgeschnitzten Nussknacker bitteschön behalten und nur eine Karte schicken. Das reicht einem doch schon als Geste. Denn er wohnt jetzt im Keller, der Nussknacker. Schon lange; er hat schon seine Dritten. Und immer muss man zittern: Ist das die liebe Tante, die da mal eben hereinschneit? Und ganz nebenbei wissen möchte, welchen Ehrenplatz er denn bekommen habe, ihr Staubfänger? Und dabei haben Sie ihn schon bei eBay reingestellt …

Leider muss man sich für Nussknacker und blau-weiße Socken auch noch bedanken. Einem geschenkten Gaul schaut man ja nicht ins Maul. Wäre es nicht besser, wenn es Spielregeln für unerwünschte Geschenke gäbe? Wäre es nicht wundervoll, wenn man einfach sagen könnte: »Liebe Tante Pia, ganz herzlichen Undank – mir reicht die Geste, behalt den Nussknacker!« Und weil sie die Spielregeln kennt, wäre sie nicht gekränkt!

Es wäre ein Traum. Denn es gibt zahllose Anlässe, etwas Unerwünschtes zu verschenken. Nicht nur am Muttertag. Rechnen Sie mal alle Geburtstage, Heiligabende, Hochzeiten, Betriebsfeiern und so weiter zusammen, anlässlich derer Sie sich schon den Kopf wegen passender Geschenke zerbrochen haben. Hunderte Gelegenheiten! Also machen Sie sich keine Sorgen, wenn nicht jedes Ihrer Geschenke ein origineller Geniestreich ist.

Der Herr der Eheringe

Im Gegenteil! Trösten Sie sich damit, dass auch Prominente nicht einfallsreicher sind: Für Schlagzeilen hat in Frankreich der Ring gesorgt, den Staatspräsident Nicolas Sarkozy seiner neuen Frau Carla Bruni geschenkt hat. Dieser spezielle Ring aus dem Hause Dior – Weißgold mit Diamanten und einem rosafarbenen Herzen – sieht einem anderen Ring verblüffend ähnlich. Nämlich dem Ring, den derselbe Monsieur Sarkozy seiner Ex-Frau Cecilia ebenfalls mal geschenkt hat. Zweimal der gleiche Ring, jeweils an die Ehefrau. In der Presse wurde daraufhin spekuliert, ob das eine gezielte Provokation war oder schlicht Pech. Andere Zeitungen fragten: Wie kam Sarkozy überhaupt an den Kaugummiautomaten ran, aus dem er den Ring gezogen haben will?

Prinz Harry ist origineller, die Frage ist nur: Wie sehr freut sich seine on-and-off-Freundin Chelsy darüber? Harry rückt mit der Armee nach Kanada aus, und der königliche Kavalier will seiner Liebsten die Wartezeit verkürzen. Was macht er? Er schickt ihr eine Action-Figur: von ihm selbst als Soldat. Das hätte Sarkozy machen sollen: sich selbst samt Ring verschicken – als petit paquet.

Da ist das Bond-Girl Halle Berry schon geschickter. Sie will ihren Partner, das männliche Model Gabriel Aubry, zwar nicht heiraten, aber um ihm zu zeigen, wie sehr sie ihn auch ohne Trauschein liebt, hat sie ihm ein Auto gekauft. Einen Mercedes S600 Sedan. Kostet so um die 150 000 Dollar, ist also viel günstiger als eine durchschnittliche Hollywood-Scheidung. Da kann man schon mal aufs Jawort verzichten.

Ein teures Auto ist in der Regel ein seltenes Geschenk. Beschäftigen wir uns daher lieber mit den häufigen Geschenken. Die lassen sich in diverse Kategorien zusammenfassen, von denen hier nur einige erwähnt seien.

Kleine Geschenkekunde für Einsteiger

Das langweilige Geschenk: Ein Schlafanzug. Oder blau-weiße Socken. Spielt keine Rolle für wen und zu welchem Anlass. Immer langweilig. Damit kann man nur Menschen eine Freude machen, die auch Geschenkpapier aufbügeln, um es nochmal zu verwenden.

Das originelle Geschenk: Zum Beispiel dem Brautpaar eine Stange Geld schenken: ein 1-Zoll-Wasserrohr, gefüllt mit 1-Euro-Münzen. Noch origineller, wenn Sie's reingefummelt bekommen: Die 1-Euro-Stücke in eine offene Zahnpastatube stecken.

Das einfallslose Geschenk: Ein Gutschein für ein Buch (bis 20 Euro). So haben Sie meins gekriegt? Glückwunsch!

Das Zaunpfahl-Geschenk: Ein Kochbuch für den Gastgeber. Oder ein Abo fürs Fitness-Studio – oder fürs Brautpaar eine Paartherapie spendieren.

Das Last-Minute-Geschenk: Die Flasche Rotwein von der Tanke oder den Wein vom Pizzabringdienst (die Flasche gibt's ab einem Bestellwert von 10 Euro gratis dazu), den man sonst nur als Abflussreiniger benutzt.

Das unterschätzte Geschenk: Bargeld. Rümpfen Sie nicht die Nase! Schenken Sie Ihrem Sohn mal ein PC-Spiel, das er schon hat. Und jetzt? Einen Zwanziger können Sie ihm jederzeit geben, selbst wenn er schon drei davon hat!

Das Danaer-Geschenk: Als solches hat das Trojanische Pferd Weltruhm erlangt. Die Folgen sind bekannt. Heutzutage kommen die Danaer, wie Homer die Griechen bezeichnete, in jeder nur denkbaren Tarnung daher. Als Tante Pia schenken sie Ihnen zum Beispiel einen Nussknacker. Wenn Tante Pia jetzt diesen Nussknacker, den Sie wie erwähnt bei eBay reingestellt haben, ersteigert, dann wird dieser Nussknacker zum Trojanischen Pferd. Ohne Soldaten im Bauch, aber mit Dynamit. Vergil wusste schon, wovon er sprach: Ich fürchte die Danaer, selbst wenn sie Geschenke bringen.

Mit leeren Händen können Sie (nichts) einpacken

Bei einem festlichen Anlass gilt neben der Garderobe die größte Sorge dem passenden Geschenk. Man hat die Wahl zwischen ausgeprägtem Individualismus und ausgesprochenem Pragmatismus.

Erst drei Tage vor dem Fest fällt Ihnen ein, dass ja am Samstag die Hochzeit ist. Das Brautpaar hat eine Liste bei *Haus&Rat* ausgelegt. Also nichts wie hin. Spät dran, wie Sie sind, können Sie nur noch wählen, ob Sie die roten Klappstühle nehmen oder die rote Steppdecke. Was nun: Brainstorming in Sachen Geschenk – oder doch die Klappstühle? Sind doch eigentlich ganz hübsch.

Vor solchen Fragen werden Sie nur dann nicht stehen, wenn Sie zu jenen beneidenswerten Menschen gehören, denen stets klar ist, welches Geschenk das passende ist. Keine Zeitnot, keine Kopfschmerzen, keine Gotteslästerungen – diese Organisationstalente haben spätestens Ende Oktober alle Weihnachtsgeschenke beisammen. Es sind die gleichen Leute, die fürs Verpacken ein Händchen haben, dass man meint, sie wären Verpackungsdesigner von Beruf. Glückwunsch!

Ideen muss man haben – aber nicht diese

Falls Ihnen nicht immer das perfekte Geschenk einfällt, könnte es sein, dass Sie sich in Versuchung führen lassen. Zu verstehen ist das so: Es ist Donnerstagabend. Ein anstrengender Arbeitstag liegt hinter Ihnen. Sie sind auf dem Heimweg, es ist schon kurz vor sieben. Plötzlich fällt Ihnen das Abendessen ein, zu dem Sie eingeladen sind. In einer Stunde. Eine gute Freundin hat Geburtstag. Panik! Um Himmels Willen – ich habe kein Geschenk! Nicht einmal eine Idee! Mit leeren Händen aufzutauchen scheidet aus. Eine Flasche Wein ist mit Gewissheit zu einfallslos. Jetzt ist die Stunde der Versuchung gekommen.

Denn jetzt erinnern Sie sich, dass da im Wohnzimmerschrank, ganz weit hinten, eine Vase steht. Hoch, schlank, hellblaues Glas, an der Seite mit verschiedenfarbigen Blumen verziert, reliefartig, irgendwie Jugendstil, wahrscheinlich Handarbeit. Die haben Sie seit Ewigkeiten nicht in der Hand gehabt. Die verwenden Sie nie, weil sie doch etwas sehr speziell ist, um nicht zu sagen: hässlich. Aber für die Jutta, das würde doch total gut passen! Sie kaufen schnell noch eine schöne Lilie dazu. Prima, so geht's. Endlich können Sie sich Wichtigerem zuwenden: Garderobe, Haare, Make-up …

Eine Stunde später: Mit warmen Worten überreichen Sie Ihr Geschenk – und bemerken im selben Moment wie Jutta Ihren furchtbaren Fehler. Diese Vase ist ein Geschenk von Jutta. Die hat sie Ihnen damals zum Geburtstag mitgebracht.

Sie verschenken ein Geschenk weiter, und zwar ausgerechnet an die ursprüngliche Geberin. Wie retten Sie die Situation?

➡ Sie suchen nach einer Ausrede: »Nein – die Vase ist nicht für dich, die hast du mir doch mal geschenkt. Nur die Blume ist für dich.«
So verständlich Ihr Wunsch ist, jetzt lieber vom Erdboden verschluckt zu werden: So billig kommen Sie aus dieser Nummer nicht raus.

➡ Sie leugnen: »Was ist? Gefällt dir die Vase nicht?« Und wenn die Freundin dann sagt, diese Vase sei doch ursprünglich ein Geschenk von ihr, dann streiten Sie es schlichtweg ab: »Wie bitte? Die hab ich vor vier Wochen auf dem Flohmarkt gekauft! Ich würde dir doch nichts schenken, was du mir geschenkt hast!«
Heikel! Hier gilt die Umkehrung eines Sprichworts: Ein schlechtes Gewissen ist kein sanftes Ruhekissen. Immerhin belügen Sie eine Freundin. Wenn Sie damit leben können, bitte. Sonst überlegen Sie sich ein wirklich originelles Geschenk und rücken die Geschichte wieder gerade.

➡ Sie bringen einen flotten Spruch: »Falls du denkst, das hier wäre die Vase von dir – Irrtum: Ich hatte sie nämlich dreimal. Das hier ist die, die ich von meiner Tante gekriegt habe.« Wenn Sie ganz selbstbewusst sind, setzen Sie noch mit einem Augenzwinkern drauf: »Jetzt guck doch nicht so wegen der blöden Vase. Sei froh, dass ich kein Essen mitgebracht habe, so schlecht wie ich koche.«
Schlagfertig zu sein ist ein Geschenk. Wenn Ihre Freundin Humor hat und wirklich Ihre Freundin ist, wird sie Ihren Spruch sofort verstehen. Sie wird wissen, wie unangenehm Ihnen die Situation ist, und Ihnen die Chance geben, nicht vor Scham im Erdboden zu versinken. Soll heißen: Ja – ein guter Spruch, mit einem Augenzwinkern vorgetragen, wird Ihnen jetzt von großem Nutzen sein.

➡ Sie sagen geradeheraus die Wahrheit. Und schwindeln trotzdem ein bisschen, um Ihr Gesicht zu wahren: »Ich hab's vermasselt, das ist mir echt peinlich. Aber auf die Vase bin ich nur gekommen, weil's meine Lieblingsvase ist.«
Lassen Sie das Schwindeln weg und sagen Sie die Wahrheit. Alles andere glaubt Ihnen sowieso niemand. Nicht angenehm, aber ehrlich. Eine gute Freundschaft wird daran nicht zerbrechen. Im Gegenteil: Dieses Geburtstagsgeschenk wird fortan ein *running gag* in Ihrer Beziehung sein.

Treffsicher daneben
Eine Schwalbe macht noch keine Expertin

Männer und Fußball – das gehört zusammen wie Delling und Netzer. Wie Siegfried und Roy. Wie Obelix und Wildschweine. Was bei Männern und Fußball keinesfalls dazugehört, sind Frauen. Wobei – stimmt nicht ganz. Keinesfalls dazu gehören Frauen, die, was Fußball angeht, kenntnisfrei sind. Wobei – stimmt immer noch nicht. Frauen gehören dazu, und sie dürfen sich insgeheim auch ruhig darüber wundern, wie fanatisch Männer anderen Männern beim Ballspielen zusehen. Aber halt im Stillen. Schweigen Sie, wenn Sie von Dingen wie Viererkette, One-touch-Fußball, Pressing oder moderner Sechser noch nie etwas gehört haben. Es kommt nicht so gut an, wenn Sie nach einer Blutgrätsche des gegnerischen Innenverteidigers, die der Schiedsrichter glatt mit Rot quittiert, in die sehr zufriedene Männerrunde fragen: »Wieso geht der jetzt schon? Der spielt doch noch gar nicht so lange, oder?«
Fußball ist, vom männlichen Standpunkt aus betrachtet, eine Art Kampf Gut gegen Böse. Gut, das sind unsere Farben, Böse, das sind die anderen. Und alles

Böse muss besiegt werden. Oder besser noch: gedemütigt. Das hat nichts mit Gerechtigkeit zu tun. Ein dreckiges, völlig unverdientes Siegtor für die eigene Mannschaft in der Nachspielzeit gegen einen besseren Gegner ist für einen Fan ein emotionaler Höhepunkt. Ein Ereignis, an das er sich noch lange erinnert. Er wird den Namen des Torschützen noch kennen, wenn er Ihren Hochzeitstag längst vergessen hat.

≫ Mailand oder Madrid – Hauptsache Italien! ≪

Andy Möller (*1967), deutscher Fußballspieler und -trainer

Es geht also nicht in erster Linie um das Spiel, es geht um Adrenalin. Um Emotionen. Sieg oder Blamage. Und da fragen Sie nach einer halben Stunde: »Die mit den gelben Trikots – sind das die Deutschen?«

Wenn's um große Gefühle geht, ticken Männer und Frauen einfach verschieden. Das historische Finale der UEFA Champions League am 26. Mai 1999 im Camp Nou in Barcelona, FC Bayern München gegen Manchester United: letzte Spielminute plus Nachspielzeit. Die Bayern führen 1 : 0 nach einem windigen Freistoß von Mario Basler in der ersten Halbzeit. Nach einer überragenden Bundesliga-Saison des FC Bayern soll nun der Krönungsakt vollzogen werden. Die Bayern stehen unmittelbar vor ihrem größten Triumph seit mehr als 20 Jahren. Aber dann schießt ManU noch zwei Tore. In drei Minuten. Teddy Sheringham und Ole Gunnar Solskjær. Unfassbar! Ein Albtraum! Wildfremde Bayern-Fans liegen sich

Die Abseitsregel im Schuhladen

Sie stehen im Schuhladen an der Kasse. Vor Ihnen steht nur eine andere Kundin. Plötzlich entdecken Sie beide im Regal hinter der Kassiererin ein Paar Schuhe, die Sie unbedingt haben wollen. Nur: Keine von Ihnen hat genug Geld dabei. Ihre Freundin, die etwas hinter Ihnen steht, erkennt Ihre missliche Lage. Sie will Ihnen ihr Portemonnaie zuwerfen, damit Sie die Frau vor Ihnen umrunden und die Schuhe kaufen können. Sie wird Ihnen nun den Geldbeutel nach vorne werfen, und während dieser sich in der Luft befindet, umrunden Sie die andere Kundin, fangen dann das Geld und kaufen blitzschnell die Schuhe. Aber: Solange Ihre Freundin den Akt des Zuwerfens nicht abgeschlossen hat, das Geld sich also noch in ihrer Hand und nicht in der Luft befindet, dürfen Sie sich beim Überholen zwar auf gleicher Höhe, aber nicht schon vor der anderen Kundin befinden, sonst sind Sie im Abseits!

auf der Leopoldstraße in München weinend in den Armen. Glauben Sie wirklich, es könnte hilfreich sein, Ihrem tränenüberströmten Mann jetzt zärtlich ins Ohr zu flüstern: »Sei nicht traurig, Schatz, es war doch nur ein Spiel!«

Fußball ist für Männer eben nicht einfach nur ein Spiel! Das Wohnzimmer mit dem Beamer, wo sich Ihr Mann mit Bürokollegen diese wirklich wichtige Partie ansieht – und jede Partie ist angeblich wichtig –, ist ab sofort vermintes Gelände. Sie gesellen sich trotzdem dazu, fiebern mit – und jubeln, als endlich das erste Tor fällt: »Toller Trick! Und dann so ein Schuss! Super gemacht, oder?« Mag ja alles stimmen. Aber es war das 1 : 0 für den Gegner.

Sie jubeln für die »falsche« Mannschaft. Was tun Sie, damit Sie jetzt keine Rote Karte kriegen?

➪ Als Sie merken, dass es ein Tor für den Gegner ist, sagen Sie: »Ach, das sind die Falschen! Na dann war das bestimmt ein Eigentor jetzt?«

Ihr Lapsus ist für wahre Fußballfans ohnehin durch nichts zu entschuldigen, da hilft dann nur noch Einsicht, dass Sie als der weibliche »Tor des Monats« ganz privat auf einem Spitzenplatz landen.

➪ In das betretene Schweigen, das Ihr irrtümlicher Jubel ausgelöst hat, machen Sie einen flotten Spruch: »Okay – ich wollte ja nur wissen, ob Ihr die Regeln begriffen habt. Ihr könnt weitergucken.«

Im besten Fall kassieren Sie einen schüchternen Lacher – wenn Sie den Spruch mit der erforderlichen Selbstironie vortragen. Die Methode eignet sich als Reaktion auch für andere irritierende Situationen, die Sie als »Fachfremde« hervorrufen. Falls Sie zum Beispiel fragen, warum der Torwart Handschuhe anhat, wo es draußen doch so warm ist. Oder wenn »Der sieht aber süß aus!« der einzige Kommentar ist, der Ihnen zu Cristiano Ronaldo einfällt. In all diesen und noch vielen anderen Situationen nimmt ein gut platzierter selbstironischer Spruch der Blamage einiges an Schärfe.

➪ Sie erkennen Ihren Irrtum und rudern zurück: »Oh, ich habe gerade nicht aufgepasst – ich dachte, das war ein Tor für uns!«

Riskant! Sagen Sie das nur, wenn Sie auf die wahrscheinliche Gegenfrage die richtige Antwort kennen, sonst wird's unerfreulich. Und die Gegenfrage wird lauten: »Wer sind denn wir? Welches Trikot haben wir?«

Rund ist rund *Aber Grund ist nicht gleich Grund*

Der Volksmund sagt: Dumme Fragen gibt es nicht, dumm ist nur, wer nicht fragt. Deshalb sollten Sie nicht schüchtern sein und Ihrer Neugier nachgeben. Wenn Sie wirklich wissen wollen, wo beim Wechselstrom der Saft drauf ist – fragen Sie einfach den Verkäufer im Elektrofachgeschäft und stochern Sie nicht einfach so in der Steckdose. Falls Sie das WLAN-Modem selbst installiert haben und nun das Kabel zum Anschließen an den PC vermissen, rufen Sie ruhig die Hotline an – die Nummer finden Sie am besten im Internet. Ach Mist! In das kommen Sie ja nicht rein. Okay, blödes Beispiel.

Wenn das Sprichwort recht hat und es keine dummen Fragen gibt, was ist dann mit der Touristin, die in einem naturbelassenen Urwald in den nördlichen USA vom Guide wissen will: »Wann kommt denn hier mal der Förster? Das ist ja ein derartiger Verhau hier! Also wirklich!« Fragen Sie mal einen Fremdenführer, was er sich schon alles anhören musste. Er dürfte sich schon manchmal gewünscht haben, der Blitz würde in den Regenschirm einschlagen, den er bei Führungen hochhält. »Gibt es eigentlich auch Seen im Lake District?« Typisch auch die Frage des Norddeutschen, der in Waging am See im Biergarten sitzt, das herrliche Alpenpanorama betrachtet und die einheimische Bedienung fragt, ob man von hier aus das Matterhorn sehen könnte. Sie kennen die Antwort. Kann man natürlich nicht, weil das Matterhorn nämlich in der Schweiz ist. Hat der Volksmund womöglich unrecht? Die Beispiele machen zumindest eines deutlich: Wer sein Herz auf der Zunge trägt, darf sich nicht wundern, wenn er dafür schiefe Blicke erntet. Pop-Sternchen Christina Aguilera weiß ein Lied davon zu singen. Sie fragte zwar nicht nach der Dauer des Dreißigjährigen Krieges, aber von ihr ist die kluge Frage überliefert: »Wo findet denn das Cannes-Filmfestival dieses Jahr statt?« Das ist in etwa das Niveau des alten Otto-Witzes: Wer malte Rembrandts Selbstporträt? Unüberlegte Fragen, abgefeuert nach dem Motto: Woher soll ich wissen, was ich denke, bevor ich höre, was ich sage? Anderes Beispiel: Eine Freundin hat Ärger mit einem Programm auf ihrem Rechner. Sie hangelt sich mit Hilfe der Betriebsanleitung durch die Installation, aber dann taucht ein aus ihrer Sicht unüberwindliches Hindernis auf. In der englischen Anleitung heißt es: »Press enter. To continue setup press any key.« Sie greift zum Hörer und ruft Sie an, weil Sie sich mit Computern auskennen: »Enter ist klar, aber wo ist bitteschön diese any-Taste?« Von Mediziner und Nobelpreisträger Robert Koch stammt ein Bonmot, das wie geschaffen ist für solche Situationen: »Diese Frage ist zu gut, um sie mit einer Antwort zu verderben.«

Jeder macht Fehler

Selbst wer sich noch so sehr bemüht, alles richtig zu machen, ist nicht vor Fehlern gefeit. Man kann nur das Risiko minimieren oder aber versuchen, mit möglichst wenig Gesichtsverlust wieder herauszukommen. Und sind Fehler nicht auch menschlich und liebenswert? Moderatoren, die vor der Kamera ganz ohne Ecken und Kanten sind, wird von Medientrainern sogar geraten, sich doch mal leicht zu versprechen. Ein aalglatter, unfehlbarer Moderator kann zu distanziert auf den Zuschauer wirken. Also grämen Sie sich nicht zu sehr.

Dicke Freundinnen – und noch dickere

Sie kommen mit einer Freundin ins Plaudern: »Was machst du denn so?« Alles ganz harmlos, aber als Ihr Blick auf Brittas bemerkenswertes Bäuchlein fällt, gibt's kein Halten mehr. Mit freudiger Miene fragen Sie: »Mensch Britta, das seh' ich ja jetzt erst – wann ist es denn so weit?« Aber Britta freut sich gar nicht, das zu hören: »Ich bin nicht schwanger!« Nur etwas pummelig geworden …

Fettes Fettnäpfchen: Sie fragen eine Freundin, wann sie niederkommt, dabei hat sie nur zugenommen.

⇨ Sie versuchen sich rauszureden: »Das hab ich mir eigentlich auch gedacht. Ich hab mich nur nicht getraut zu fragen, ob du zugenommen hast. Und so viel ist es doch auch wieder nicht, oder?«
Ein ziemlich heikles Unterfangen. Solange Sie sich nicht um Kopf und Kragen reden, weil Ihr Gegenüber das Ablenkungsmanöver sofort durchschaut, ist es einen Versuch wert. Wechseln Sie rasch das Thema. Aber nicht auf ihre abstehenden Ohren oder die schiefe Nase.

⇨ Sie entschuldigen sich sofort: »Ich wollte dich nicht kränken, aber es sieht wirklich so aus, als wenn du schwanger wärst. Sei mir bitte nicht böse.«
Absolut akzeptabel. Natürlich hätten Sie Ihre Zunge hüten können. Im Grunde hat Ihre Frage aber nur Interesse am Leben Ihrer Freundin gezeigt. Dass Sie derart falsch liegen, konnten Sie ja nicht ahnen. Mit einer Entschuldigung sollte das Thema auch erledigt sein. Wirklich. Lassen Sie es damit gut sein. Sie brauchen ihr nicht zur Wiedergutmachung ein T-Shirt mit dem Aufdruck »Bier formte diesen wunderschönen Körper« zu kaufen.

⇨ Sie übergehen den beleidigenden Kern der Frage mit größter Selbstverständlichkeit und antworten fröhlich: »Aber das ist doch prima! Steht dir ausgezeichnet. Dann können wir ja gleich einen Wiedersehens-Cocktail trinken gehen!«
Respekt. Sehr cool. Wenn Ihnen das glaubhaft über die Lippen kommt, müssen Sie sich keine Sorgen machen. Ihre Freundin wird Ihnen den Lapsus nicht verübeln, denn Sie haben ihr ja deutlich gezeigt, worauf es Ihnen ankommt: auf die Person, nicht auf das Gewicht der Person.

⇨ Sie nesteln in Ihrer Handtasche herum und holen die Nagelschere hervor. Die halten Sie dann Ihrer Freundin hin: »Bittesehr. Schneid mir sofort die Zunge ab. Ich hab's echt verdient.«
Großartig. Nur wenn Ihre Freundin eine barbarische Ader hat, laufen Sie Gefahr, dass dieser elegante Schuss nach hinten losgeht. Sonst zeigen Sie mit der kleinen Geste und schwarzem Humor, dass Sie sich für Ihr loses Mundwerk in aller Form entschuldigen möchten. Falls Sie keine Nagelschere in der Tasche haben: Ein Stück gute Butter tut es auch. Beißen Sie herzhaft rein und zeigen auch Sie, dass Sie es mit der Figur nicht so ernst nehmen.

Unfallfrei einparken

Glotz doch nicht wie ein Auto!

Manche Begriffe haben's schwer. Das Loch gehört dazu. Spontan fällt einem nur Negatives ein: Schlaglöcher, Zahnlöcher, das Loch in der Kasse ... und Dieter Bohlen. Und im Sommerloch Loch Ness. Bei anderem Blickwinkel aber gewinnt auch ein Loch an Sympathie: Ein Ring ohne Loch? Nur eine Scheibe. Ein Sieb ohne Löcher wäre nur eine Schüssel, die Ihnen nicht hilft beim Spaghettiabgießen. Undenkbar auch der Emmentaler ohne Löcher. Erst diese machen ihn zu der weltberühmten Spezialität. Dass Gottlieb Wendehals über die Löcher einen schrecklichen Song geschrieben hat, dafür kann der Käse nix. Es gibt zahllose wünschenswerte Löcher, wenn man ein bisschen drüber nachdenkt. In Großstädten ist die Parklücke zum Beispiel ein sehr begehrtes Loch.

In München ist Fahren »oben ohne« bereits beim leisesten Anflug der ersten Sonnenstrahlen angesagt. Wozu gibt's schließlich eine Sitzheizung? Okay, ist nicht jedermanns Sache. Paul Breitner sagte mal: »Cabrio? Nein, ich will ja nicht auch noch beim Autofahren gesehen werden.« Genau das wollen aber viele, die sonst nicht im Rampenlicht stehen. Selbst wenn sich die dunklen Ledersitze so stark aufheizen können, dass es beim Einsteigen zischt: Beim Anblick des bayerischen weiß-blauen Himmels ist der Schmerz schnell vergessen.

Die Fahrt führt den Cabriofahrer – nennen wir ihn Franz – vom mondänen Tegernsee nach München in die schicke Leopoldstraße, den grellsten Boulevard der Stadt – mit seiner Endlosformation aus Papp-Coffee-to-go-Lokalen und Handyläden, unterbrochen von Fast-Food-Buden und Eisdielen. So richtig Schwung kommt in der Straße auf, wenn es dämmert. Dann trifft man hier so viele Menschen, die in ihren Autos im Freien »oben ohne« sitzen, wie sonst nirgends in München. Die Gehsteige sind jetzt Laufstege fürs Minirock-Publikum. Von Vorstadtgrazien bis zu japanischen Touristen findet man alles. Und das Beste: Es darf hemmungslos geglotzt werden. Die meisten Bars und Restaurants bieten exponierte Plätze am Straßenrand – ideal für Wichtigtuer, die George Clooney spielen und die Sonnenbrille auch beim Prosecco im Schatten nicht abnehmen. Gesehen werden ist das eine. Aber selbst zu glotzen ist genauso wichtig.

Franz hat Glück und findet eine Lücke genau vor so einem Lokal. Naja, etwas kurz, die Lücke. Aber man hat ja eine Einparkhilfe. Franz ist stolz, dass er auch so ein Auto hat, das mitdenkt. Nur fahren können sollte man trotzdem. Es gibt sogar ein Urteil des Amtsgerichts München, wonach sich kein Fahrer nur auf die Einpark-hilfe verlassen darf, sondern sich durch eigene Beobachtung zu vergewissern hat, dass er rückwärts einparken kann. Franz nimmt es nicht zu genau mit der StVO, aber das Einparken hat er ja in der Fahrschule immer geschafft.

Im Radio schmettert Herbert Grönemeyer gerade *Männer sind furchtbar stark,* als es zum ersten Mal piepst. »Was soll das?«, durchfährt es Franz. Mit ordnungs-gemäß gesetztem Blinker und korrektem Schulterblick hatte er nach hinten ge-setzt. An den Bordstein. Kein Problem, dann eben noch mal raus aus der Park-lücke. So was wird gerne von wartenden Autofahrern mit ungeduldigem Hupen honoriert, was einem die Aufmerksamkeit des gesamten Umfelds sichert. Also auf zum zweiten Fehlversuch. Und zum dritten. Und …

Franz hegt erste Zweifel an seiner räumlichen Wahrnehmungsfähigkeit. Da das Piepsen dank »Oben-ohne-Fahren« auch von den Cafégästen wahrgenommen wird, schaltet Franz den Ton aus. Und: Es kommt, wie es kommen muss. Diesmal muss die Stoßstange des Hintermanns dran glauben. Natürlich lassen sich mit Poliermittel viele Kratzer wieder entfernen – aber leider nicht die strafenden oder hämischen Blicke der Gäste auf der Flaniermeile.

Sie brauchen ewig, um Ihr Auto einzuparken, und alles schaut zu. Wie entkommen Sie dem Straßentheater?

⇨ Sind Sie erst einmal Opfer öffentlichen Gespötts, machen Sie den Spaß der an-deren mit und geben Sie nicht den Miesepeter: »Danke, danke, für mich sind elf Fehlversuche neuer Rekord, sonst brauche ich mindestens zwölf.«
Streng genommen ist Ihnen nicht zu helfen, wenn Sie coram publico mehrere Einpark-Fehlversuche hinlegen. Ich habe schon in einem Straßencafé erlebt, dass die Gäste symbolisch die Speisekarten als Wertungsschilder für A- und B-Noten in die Luft hielten, wie man es vom Sport kennt, um das motorisierte Schaulaufen zu kommentieren. Beim Aussteigen gab es dann auch noch Applaus. Wenn Sie diese Eskalationsstufe erreicht haben, können Sie nur noch eins draufsetzen mit: »Okay, ist die Szene im Kasten oder soll ich noch mal?«

➬ Ein »Dumm-gelaufen«-Achselzucken, ein selbstironisches Augenzwinkern oder ein ansteckendes Lachen signalisieren, dass Sie zwar nicht Auto fahren können, aber über ein Mindestmaß an kommunikativer Kompetenz verfügen. Selbst wenn Ihre Fehlleistung von den Zaungästen nicht so offensiv kommentiert wird, sollten Sie nicht ohne einen schmunzelnden Blickkontakt die Szenerie verlassen. Falls Sie Anschauungsunterricht benötigen: Der ehemalige US-Präsident George Bush war ein Meister darin, peinliche Begebenheiten mit Grimassen zu übertünchen. Mit dem Suchtext »George Bush gets owned« in *YouTube* werden Sie eindrucksvoll demonstriert bekommen, dass es Präsidenten mit ihren Missgeschicken und ihrem Umgang damit bis in Nachrichtensendungen schaffen.

➬ Sie gehen sofort auf die andere Straßenseite in der Hoffnung, dass dort keiner was gesehen hat, was bei der Breite der Leopoldstraße durchaus möglich ist. Wenn es wirklich niemand bemerkt hat: Glück gehabt. Sie konnten den Blicken und Bemerkungen der Lokalgäste neben Ihrem Wagen entgehen, werden sich aber unwohl fühlen, weil Sie wissen: Sie müssen ja auch wieder wegfahren!

Prinzipiell sollten Sie auch im Zeitalter elektronischer Fahrhilfen die Grundfertigkeiten des Autofahrens beherrschen. Haben Sie Probleme mit dem Rückwärtseinparken? Versuche auf einem Übungsgelände wären ein guter Anfang. Nehmen Sie einen Supermarktparkplatz am Wochenende. In der Übungsphase sind zur Vermeidung peinlicher Showeinlagen Parkhäuser und ausgewiesene Stellplätze mit der Möglichkeit zum Schrägparken eine kluge Alternative. Zeitgemäßer Tipp an dieser Stelle: Zur Vermeidung von Einpark-Pannen eignen sich kleinere, unauffällige Fahrzeuge besser als fette Status-Bomber. Ein Auto vom Typ SUV brauchen Sie in den seltensten Fällen, es sei denn, Sie sind Spediteur. Limos mit langem Radstand sind ohnehin nicht fürs Einparken konstruiert, sondern für große Beinfreiheit im Fond des Fahrzeugs. Einen prominenten Geschäftsmann, der mir stolz von seinem Maybach erzählte, musste ich darauf hinweisen, dass man in einem solchen Fahrzeug und auch in der Fahrzeugklasse darunter standesgemäß hinten sitzt – womit sich das Einparken erübrigt. In der Golf-Liga sei darauf hingewiesen, dass Rennsport-Anleihen beim Serienfahrzeug insbesondere dann irritierend wirken, wenn man schon beim Rückwärtsfahren Probleme hat. Zur Erinnerung: Ein Heckspoiler soll an einem Auto das Gegenteil von dem bewirken, was die Tragflächen eines Flugzeugs physikalisch bezwecken, nämlich bei exorbitant hohen Geschwindigkeiten den Anpressdruck des Autos auf die Straße erhöhen. Etwas mehr Bodenhaftung würde auch manchem Einparkakrobaten gut zu Gesichte stehen.

Bitte nicht stören. Heute schweigetag!

Fluchtweg gesucht *Wie wimmle ich nervige Zeitgenossen ab?*

»Mama sagte immer, das Leben ist wie eine Pralinenschachtel«, sagt Tom Hanks in *Forrest Gump,* »man weiß nie, was man bekommt.« Sie sind auf dieser Party, zu der Sie eigentlich gar nicht wollten. Aber Ihre Freundin hat Sie überredet. Und plötzlich steht da ein Typ in der Küche, der sich gerade ein neues Bier holt: Ist das nicht Boris von früher, der picklige Typ mit der Zahnspange aus der 10c, der damals so aussah wie jetzt der selbst gemachte Nudelsalat neben ihm? Der Streber aus der ersten Reihe? Sie denken: Das gibt's doch nicht. Hat der sich aber gemausert, der sieht ja aus wie Kevin Costner! Wenn Boris jetzt nicht das gleiche denkt, nämlich »Mensch, das gibt's ja gar nicht, die hat sich aber verändert … ein bisschen wie Kevin Costner«, dann passiert im besten Fall das: Sie strahlen ihn an, er strahlt zurück. Küsschen links, Küsschen rechts, Party gerettet. Eindeutiger Fall von zartschmelzender, dunkel glänzender Lieblingspraline. Manchmal erwischt man aber eine falsche Praline. Zum Beispiel muss es Leute geben, die gerne Knickebein-Füllung essen, denn sonst würden Pralinen und Ostereier mit Knickebein-Füllung ja nicht hergestellt werden. Sie kennen Knickebein nicht? Das ist diese weiche Füllung in Pralinen oder Ostereiern, die aus Likör, Eimasse und einer Menge Zucker – also kurz Karies – besteht. Diese Dinger sucht man zu Ostern nicht, man versteckt sie. Oder man verwendet sie im Sommer als Grillanzünder. Seien Sie allzeit darauf vorbereitet, so eine Praline zu erwischen. Sagen wir, Sie beschließen: mehr Sport, weniger Kalorien. Im Fitness-Studio ziehen Sie das volle Programm durch: den iPod im Ohr, erst mal eine halbe Stunde aufs Laufband, zum Warmmachen. Dann eine halbe Stunde auf den Stepper, dazwischen Zirkeltraining für alle Muskelpartien. Zum Schluss ein paar Rückenübungen.

Jetzt endlich die Belohnung! Sie sitzen auf einem Barhocker, vor Ihnen perlt es köstlich in Ihrem eiskalten, kalorienfreien *Tropical Fruit Special XXXL,* als sich plötzlich jemand neben Sie setzt: Ist das nicht …? Ja, er ist es, der Herr Nachbar, der immer dann zufällig im Treppenhaus erscheint, wenn Sie gerade die Wohnung verlassen und die Tür hinter sich zugezogen haben. Der Sie immer wieder zum Essen einladen will, obwohl Sie seit Monaten »keine Zeit« haben. Typ Knickebein-Füllung eben. Ausgerechnet dieser Typ jetzt und hier, und er versucht, Sie in ein Gespräch zu verwickeln.

Anderes Beispiel: Sie freuen sich auf ein Wellness-Wochenende im Luxushotel. Nur Sie ganz alleine. Kein Stress mit den Kindern daheim, die hat jetzt der Mann. Keine Verpflichtungen. Kein gar nichts. Ein Buch von Paulo Coelho und ansonsten einfach mal die Seele baumeln lassen. Eine Ayurveda-Behandlung, ein bisschen schwimmen, bei schönem Wetter vielleicht spazieren gehen, gut essen (kein Alkohol!) und dann früh ins Bett. Was für ein wundervoller Kontrast zum Alltag. Vollkommen entspannt stehen Sie an der Rezeption, als sich von einer Sekunde auf die andere Ihr Horizont verdunkelt. Eine Unwetterfront rauscht frontal auf Sie zu. Und kein Baum zum Verstecken in der Nähe. Bianca, Ihre um drei Jahre ältere Cousine, taucht plötzlich vor Ihnen auf. Jene Bianca, die einem wirklich den letzten Nerv rauben kann. Die es versteht, ohne Punkt und Komma zu sprechen, stundenlang. Und die steht jetzt in Jogginghosen mit glänzenden Augen vor Ihnen, offensichtlich hocherfreut: »Mensch, du hier – das ist ja klasse! Ich hatte vielleicht Stress beim Einchecken! Aber das erzähl ich dir später, ich muss zur Massage. Wir treffen uns doch zum Abendessen, oder?«

» Wir sind so eitel, dass uns sogar an der Meinung der Leute, an denen uns nichts liegt, etwas gelegen ist. «

Marie von Ebner-Eschenbach (1830–1916), österreichische Schriftstellerin

Sie wollen Ihre Ruhe haben. Wie werden Sie jemanden schnell wieder los, der Sie stört?

⇨ Auf einen groben Klotz gehört ein grober Keil: »Abendessen? Bist du sicher? Du siehst so aus, als solltest du besser fasten.« Sie packen Ihren Trolley und verschwinden auf Ihr Zimmer.
Sind Sie aber böse! Seine Freunde kann man sich aussuchen, seine Verwandten nicht. Und die haben sich Sie ja auch nicht ausgesucht. Sie werden hinterher wahrscheinlich ein schlechtes Gewissen haben. Im ungünstigsten Fall geht der Schuss sogar nach hinten los, und Ihre grundgute Cousine übersieht den Wink mit dem Zaunpfahl. Sie freut sich stattdessen über den Vorschlag und fordert Sie auf, mit ihr zu fasten. Gemeinsam ist es schließlich leichter.

⇨ Sie sagen ihr die Wahrheit. Sie sind hier zum Entspannen. Zum Erholen. Ohne Kinder. Ohne Mann. Endlich, nach den stressigen letzten Wochen und all dem Ärger im Job. Sie sind jetzt wirklich nicht in der Stimmung für Gesellschaft. Und morgen auch nicht und Sonntag auch nicht. Es sei nichts Persönliches, aber sie möge das bitte respektieren. Sie hätten sich so darauf gefreut, allein zu sein. Erfordert ein bisschen Mut, aber wie heißt es so schön: Ehrlich währt am längsten. Und Sie erreichen, was Sie möchten. Wenn Ihnen Ihre Cousine allerdings mit Ihrem Mann, den Sie zu Hause bei den Kindern wähnen, im Bademantel über den Weg läuft, dann sollten Sie sich etwas ganz anderes überlegen.

⇨ Sie heben den Zeigefinger und führen ihn an die Lippen: »Pssst!« Dann nehmen Sie einen Zettel und notieren: »Ich faste wie die Mönche im Kloster! Solltest du auch mal probieren. Kein Alkohol, kein Fernsehen, und *Schweigen*.«
Sehr kreativ. Wenn Ihre Cousine Ihre Pläne respektiert, können Sie das Wochenende in Ruhe genießen, und zwar ohne Ihrer Cousine auf die Füße getreten zu sein. Allerdings lassen Sie sich dann von ihr bloß nicht erwischen, wenn Sie mit dem Fitnesstrainer flirten.

⇨ Sie kapitulieren: »Na klar, gerne. Ich will mich nur schnell frisch machen.«
Sie können nicht Nein sagen, das konnten Sie noch nie. Und vielleicht ist das gar nicht so schlimm. Sie geben Ihrem Mitgefühl nach, und vielleicht stellt sich Ihre Cousine als gar nicht so unangenehm heraus, wie Sie glauben. Sie haben sie nur nie richtig kennengelernt. Sie können zwar nicht Nein sagen – aber dafür sind Sie ein Mensch mit großem Herzen! Sozusagen.

Mehr Glück und Erfolg

GU Lebenshilfe – damit Sie sich rundum wohlfühlen

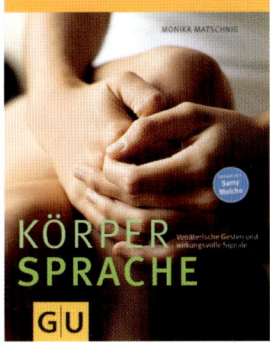

ISBN 978-3-8338-0789-3
192 Seiten

ISBN 978-3-8338-1601-7
144 Seiten | plus DVD

ISBN 978-3-8338-1826-4
128 Seiten

ISBN 978-3-8338-1753-3
144 Seiten

ISBN 978-3-8338-0872-2
160 Seiten

ISBN 978-3-8338-1752-6
256 Seiten

Bücher für alle Fragen des Lebens:

Bestens informiert – erfahrene Autoren geben Rat

Verlässlich – aktuelle Themen auf den Punkt gebracht

Üben und lernen – hilfreiche Tests und Tipps

Willkommen im Leben.

© 2009 GRÄFE UND UNZER
VERLAG GmbH, München

GRÄFE UND UNZER VERLAG
Redaktion Leben & Lernen
Grillparzerstraße 12
81675 München

Umwelthinweis:
Dieses Buch wurde auf chlor-
frei gebleichtem Papier
gedruckt. Um Rohstoffe zu
sparen, haben wir auf Folien-
verpackung verzichtet.

Projektleitung:
Petra Brumshagen

Bildredaktion: Petra
Brumshagen (Illustrationen),
Petra Ender (Fotos, Cover)

Dieses Buch ist entstanden
unter inhaltlicher Mitarbeit
von **Ute Witt.**

Fotos und Titelfoto:
Dieter Mayr (Dieter.Mayr.
Photography), München

Illustrationen: Dieter Braun
Illustration, Hamburg

Umschlag und Gestaltung:
independent Medien-Design,
Horst Moser

Herstellung: Renate Hutt

Lektorat und Satz:
Knipping Werbung GmbH,
Berg am Starnberger See

Repro:
Repro Ludwig, Zell am See

Druck und Bindung:
Printer, Trento

ISBN: 978-3-8338-1868-4
1. Auflage 2009

Ein Unternehmen der
GANSKE VERLAGSGRUPPE